AF561630

ORDONNANCE DU ROI,

Portant Règlement ſur le ſervice de l'Infanterie en Campagne.

Du 17 Février 1753.

A PARIS,
DE L'IMPRIMERIE ROYALE.

M. DCCLIII.

TABLE

Des Titres contenus en l'ordonnance du Roi du 17 février 1753, portant règlement sur le service de l'Infanterie en Campagne.

ORDONNANCE

ORDONNANCE
DU ROI,

Portant Règlement sur le service de l'Infanterie en Campagne.

Du 17 Février 1753.

DE PAR LE ROI.

A MAJESTÉ voulant établir l'uniformité dans le service que ses Troupes doivent faire en campagne, comme Elle l'a fait pour le service dans les Places, par son ordonnance du 25 juin 1750; Elle a ordonné & ordonne ce qui suit :

DU CAMPEMENT.

ARTICLE PREMIER.

LES régimens devant avoir en tout temps des tentes, des manteaux d'armes, des outils & des marmites, les Colonels auront soin que chaque compagnie en soit pourvûe, & ils en rendront compte aux Inspecteurs lors de leurs revûes.

I I.

Tentes. IL y aura cinq tentes par compagnie de Fusiliers de quarante hommes, & six tentes par chaque compagnie de Grenadiers de quarante-cinq hommes; & lorsque les compagnies seront entretenues sur un pied plus fort, le nombre des tentes sera augmenté à proportion.

I I I.

LES tentes seront d'une bonne toile, leur hauteur sera de cinq pieds huit pouces, ayant par le bas sur le devant six pieds six pouces d'une encoignure à l'autre, pour que la porte puisse croiser de six pouces; & chaque côté aura six pieds neuf pouces de longueur, non compris le cul-de-lampe qui aura dix pieds six pouces de tour par le bas, de manière que la profondeur, depuis la fourche de l'entrée jusqu'au fond du cul-de-lampe, sera de dix pieds quatre pouces.

I V.

Manteaux d'armes. IL y aura un manteau d'armes par compagnie, & un de plus par bataillon pour le piquet, lesquels seront de treillis ou de coutil.

V.

LE manteau d'armes de chaque compagnie aura six pieds de haut, un pied neuf pouces de rondeur dans la partie supérieure, & dix-neuf pieds de circonférence par le bas, dont deux pour croiser à l'endroit de l'ouverture.

V I.

LE manteau d'armes du piquet sera fait en mansarde, de la même hauteur de six pieds; le toit aura deux pieds des deux côtés, sur un pied de pente, & pour tendre le manteau on formera un chevalet de deux mâts joints par deux travers, dont l'un sera posé au haut des mâts, l'autre aura une cheville de fer à chaque bout pour entrer dans les deux mâts, qui sont percés à la hauteur de quatre pieds pour les recevoir : les armes du piquet seront appuyées des deux côtés de ce travers.

V I I.

LES tentes & manteaux d'armes seront marqués en

caractères noirs du nom du régiment & du numero de la compagnie, qui étant une fois établi pour chacune d'elles, ne sera plus changé, quelque rang qu'elle prenne par la suite dans le régiment.

VIII.

Il y aura un cordeau par bataillon pour marquer le front du camp, & un autre pour en marquer la profondeur : ces cordeaux, dont la longueur sera proportionnée au nombre & à la force des compagnies de chaque bataillon, seront divisés par toises & demi-toises, & désigneront de plus les endroits où les fourches des tentes devront être placées. *Cordeaux.*

IX.

La première & la dernière tente de chaque compagnie feront face en dehors à la tête & à la queue du camp.

Les autres tentes de la compagnie de Grenadiers, & de la compagnie qui campera sur l'autre flanc du bataillon, feront face en dehors à droite & à gauche.

Celles des autres compagnies seront adossées les unes aux autres, de manière qu'elles formeront alternativement une grande & une petite rue.

X.

La place de la fourche de la première tente de la compagnie des Grenadiers, sera marquée un pas ou trois pieds en dedans de l'extrémité du cordeau du front du camp; celle de la compagnie d'après, à six pas ou dix-huit pieds de distance de la première; la troisième à huit pas ou vingt-quatre pieds de la seconde, & ainsi des autres alternativement : de manière que l'espace entre les tentes de deux compagnies qui se feront face, formera une grande rue de dix-huit pieds de large; & celui d'entre deux compagnies adossées, une petite rue de trois pieds seulement, où il sera pratiqué une rigole pour l'écoulement des eaux.

XI.

Le cordeau qui devra marquer la profondeur du camp, sera placé perpendiculairement à celui du front du bataillon, sur l'alignement que la compagnie des Grenadiers devra former.

XII.

La place de la fourche de la seconde tente y sera marquée à cinq pas ou quinze pieds du cordeau du front du camp; & celles des autres successivement, de trois en trois pas, ou de neuf pieds en neuf pieds, jusqu'à la dernière tente qui devra faire face à la queue du camp, comme il est marqué ci-dessus.

Les autres compagnies s'aligneront sur celle des Grenadiers, observant que la fourche de la seconde tente soit posée trois pieds en avant de celle de la première tente, du côté où la compagnie devra faire face.

XIII.

Outils. Il y aura huit outils par compagnie; savoir, deux pelles, deux pioches, deux serpes & deux haches.

XIV.

La pelle aura sept pouces quatre lignes de hauteur sur six pouces neuf lignes de largeur par le haut, & cinq pouces six lignes au tranchant; la douille sera de trois pouces six lignes, & le manche depuis la douille jusqu'à son extrémité, aura un pied onze pouces.

XV.

La pioche aura neuf pouces six lignes de longueur, & deux pouces six lignes de largeur du côté du tranchant, & le manche sera de deux pieds trois pouces quatre lignes.

XVI.

La serpe aura huit pouces sept lignes de longueur, trois pouces de largeur par le bout, & deux pouces deux lignes du côté du manche qui aura quatre pouces neuf lignes.

XVII.

La tête de la hache aura deux pouces en tout sens, la distance de la tête au taillant sera de sept pouces deux lignes, & la largeur du taillant de trois pouces dix lignes; le manche, non compris la tête, aura un pied dix pouces.

XVIII.

XVIII.

L'ÉPAISSEUR de ces outils ſera proportionnée à leur longueur, & telle que ſans être trop peſans ils aient la force convenable à l'uſage auquel ils ſont deſtinés.

XIX.

CES outils ſeront contenus dans des étuis de peau de vache non noircie, fermant chacun à deux boucles, & attachés à une courroie large d'un pouce.

XX.

ILS ſeront portés dans les marches par les Soldats des compagnies, qui en ſeront chargés tour à tour.

XXI.

Viſite du Major.

QUAND les régimens auront reçû ordre de camper, les Majors en feront une viſite particulière, pour s'aſſurer que les Soldats ne manqueront d'aucunes des choſes qui leur ſeront néceſſaires à cet effet.

XXII.

ILS auront ſoin que les Soldats des compagnies ſoient diſtribués par chambrées qui devront occuper la même tente, de manière que chaque chambrée ſoit compoſée d'anciens & de nouveaux Soldats qui fourniront également au ſervice; & qu'elle ſoit pourvûe d'une marmite, d'une gamelle, & d'un barril ou bidon, ainſi que des fourches, travers & piquets néceſſaires pour dreſſer la tente.

XXIII.

Avis de l'arrivée.

LORSQU'UN régiment arrivera dans le lieu le plus à portée de celui où il devra camper, l'Officier qui commandera ledit régiment donnera avis de ſon arrivée au Général de l'armée, ou autre Commandant du camp, & le Major en informera le Major général & l'Intendant.

XXIV.

Détachement pour aller marquer le camp.

LE Commandant du régiment qui devra camper, ſera partir à l'avance pour aller au campement, un Officier major par régiment, & trois Sergens avec autant de Caporaux par bataillon.

XXV.

CES Sergens seront munis des cordeaux nécessaires pour marquer le camp, & les Caporaux se pourvoiront de fiches.

XXVI.

IL sera commandé pour marcher avec les campemens, un Capitaine & deux Lieutenans par régiment, jusqu'à ce que les brigades soient formées; & lorsqu'elles le seront, il ne marchera que le même nombre d'Officiers par brigade.

XXVII.

AUCUN autre que les Officiers, Sergens & Caporaux ci-dessus désignés, n'ira au campement, à moins d'un ordre contraire.

XXVIII.

Distribution du terrein.

QUAND l'alignement du camp aura été réglé sur des points de vûe donnés, & que celui de l'aîle droite, ou de l'aîle gauche de la Cavalerie (selon le côté par lequel on commencera) aura été marqué, on marquera le camp de l'Infanterie, en laissant au moins cinquante pas d'intervalle entre l'un & l'autre.

XXIX.

LE Major général distribuera ensuite aux Majors de brigade, le terrein qui lui aura été désigné, & ceux-ci le distribueront à chaque bataillon.

XXX.

LES Majors s'aligneront sur l'aîle de la Cavalerie qui aura été marquée, à moins qu'il ne fallût faire un coude, dont on seroit convenu, & ils laisseront vingt pas d'intervalle entre le camp de chaque bataillon.

XXXI.

LES camps des bataillons d'un même régiment ou d'une même brigade, seront marqués dans le même ordre qu'ils devront être en bataille.

XXXII.

Place des faisceaux.

LA place des faisceaux d'armes sera marquée à dix pas, ou cinq toises en avant du front de bandière, chacun dans l'alignement de la première tente de sa compagnie.

XXXIII.

LES places des cuisines seront à dix pas du fond des bataillons. *Des cuisines.*

XXXIV.

CELLES des tentes, des Tambours & des Vivandiers, à dix pas des cuisines. *Des tentes.*

XXXV.

CELLES des tentes des Officiers subalternes, à quinze pas de celles des Vivandiers; & celles des Capitaines, à vingt pas de celles des subalternes.

XXXVI.

A l'égard des tentes des Officiers supérieurs des régimens, elles seront vingt-cinq pas en arrière de celles des Capitaines; savoir, celle du Colonel, vis-à-vis le centre du régiment qu'il commande, de manière cependant qu'il ne se trouve pas vis-à-vis l'intervalle qui doit être entre chaque bataillon; celle du Lieutenant-colonel, vis-à-vis le centre du premier bataillon; celles des Commandans de bataillon, vis-à-vis le centre de leurs bataillons; celle du Major, à la gauche, & un peu en arrière de celle du Colonel; & celles des Aide-majors, à la gauche, & aussi en arrière de celle du Commandant de leur bataillon.

XXXVII.

LES portes de toutes ces tentes seront tournées du côté du camp; & l'Officier major qui le fera marquer, aura attention qu'il soit mis des fiches pour les aligner, autant qu'il sera possible, ainsi que les cuisines, sur les tentes des compagnies, sans souffrir qu'il en soit tendu aucune vis-à-vis des intervalles des bataillons.

XXXVIII.

LES chapelles seront placées vis-à-vis le centre du régiment, près de la garde du camp, soit en première ou en seconde ligne, & il y sera mis un sentinelle pris de cette garde. *Des chapelles.*

XXXIX.

QUAND on se trouvera obligé de resserrer le camp, *Resserrer le camp.*

on ne donnera que quinze pas pour l'intervalle d'un bataillon à l'autre, & on diminuera l'eſpace des grandes rues, celui des petites rues ne devant jamais être changé.

X L.

DANS le cas où on reſſerrera le camp, il ſera permis aux Capitaines de camper ſur deux lignes, quand par l'étendue de leurs tentes ils ne pourront pas camper ſur une; & alors l'Etat-major reculera ſes tentes à proportion, ſans que les Commandans des régimens & bataillons puiſſent faire déplacer celles des Capitaines, quand elles ſeront ainſi doublées.

X L I.

Paſſage par les grands intervalles.

LE camp étant marqué, les Sergens & Caporaux de campement empêcheront que les troupes & les équipages ne paſſent ailleurs que dans les grands intervalles.

X L I I.

Logement des Brigadiers & des Majors de Brigade.

LORSQUE les marqueurs de l'armée auront marqué les maiſons qui devront être occupées dans le voiſinage du camp, s'il en reſte dans le terrein d'une brigade qui n'aient point été marquées par eux, il ſera permis au Brigadier & au Major de la Brigade d'y loger; mais au défaut de maiſons dans ledit terrein, ces Officiers ſeront obligés de camper à la queue de leur brigade.

X L I I I.

POUR éviter toute difficulté ſur la fixation du terrein de chaque brigade, ſa largeur ſera comptée, à l'égard de celles qui ſeront campées en première ligne, depuis l'alignement de l'encoignure de la première tente de la droite, juſqu'à celui de la première tente de la brigade ſuivante, & en profondeur depuis la hauteur de la garde de la tête du camp, juſqu'à quatre-vingts toiſes en arrière du front de bandière.

Quant aux brigades de la ſeconde ligne, leur terrein s'étendra ſur la même largeur, depuis leur front de bandière, juſqu'à deux cens toiſes en arrière.

X L I V.

Défenſes aux Officiers de loger.

AUCUN des Officiers à qui il eſt ordonné de camper, ne

ne pourra, ſous quelque prétexte que ce ſoit, s'établir, ni mettre ſes chevaux, domeſtiques & équipages dans une maiſon voiſine du camp.

X L V.

LES Majors de brigade ſeront tenus d'avertir le Brigadier & le Major général, des Officiers qui ne ſeront pas campés à leurs troupes, ou qui ſeront contrevenus à l'article ci-deſſus; & celui-ci en rendra compte au Général de l'armée.

X L V I.

QUI que ce ſoit en aucun cas, ne pourra loger dans les égliſes ou chapelles.

X L V I I.

LORSQUE l'on verra arriver la tête des troupes qui devront camper, l'Officier major qui aura marqué le camp, fera partir les Officiers de campement; ſavoir, le Capitaine pour aller au devant du régiment ou de la brigade, le premier Lieutenant au devant des menus équipages, & le ſecond Lieutenant au devant des gros équipages. *Conduite au camp.*

X L V I I I.

CES Officiers s'informeront avant de partir, des chemins par leſquels les troupes & les équipages devront arriver, & de ceux par où ils devront les conduire au camp ſans embarras.

DE L'ETABLISSEMENT dans le Camp.

X L I X.

LES bataillons étant arrivés à la tête de leur camp, s'y mettront en bataille. *Arrivée au camp.*

L.

UN Officier major fera aux Soldats les défenſes ordonnées.

L I.

IL enverra un Caporal de chaque compagnie pour

planter les faiſceaux d'armes dans la place ci-deſſus preſcrite, où on aura attention qu'ils ſoient bien alignés.

L I I.

Il ſera monter la garde du camp.

L I I I.

Il fera partir le Sergent & le Caporal qui doivent être d'ordonnance chez le Major général.

L I V.

Il enverra le Vaguemeſtre du régiment au Vaguemeſtre général de l'armée, pour ſe faire inſcrire par lui ſur l'état qu'il en doit tenir, ainſi qu'il eſt expliqué ci-après au titre des équipages.

L V.

Il tirera du piquet les détachemens commandés & les gardes des Officiers généraux, & en fera enſuite le remplacement.

L V I.

Pendant ces différentes opérations, le Commandant & les autres Officiers du bataillon empêcheront que perſonne ne quitte ſon poſte & ſon rang.

L V I I.

Lorsque le Major de brigade ou de régiment aura reçû l'ordre de faire entrer la brigade ou le régiment dans ſon camp, il fera faire demi-tour à droite, préſenter les armes, & marcher.

L V I I I.

Armes aux Faiſceaux.

Les Soldats ne ſe débanderont point juſqu'à ce que le dernier rang, qui par le demi-tour à droite ſera devenu le premier, ſoit arrivé à l'alignement des faiſceaux, où tous les Soldats remettront leurs fuſils.

L I X.

Place & garde des drapeaux.

Lorsque les Soldats entreront dans leur camp, les Enſeignes ou autres Officiers chargés de porter les drapeaux, les planteront vis-à-vis le centre du bataillon, à deux toiſes l'un de l'autre, & à une égale diſtance du front de bandière aux faiſceaux; le drapeau colonel ſera ſur la droite ou ſur la gauche; ſelon que le régiment ſera campé par la droite, ou à colonne renverſée.

LX

LES Enſeignes ne quitteront point les drapeaux qu'il n'y ait été poſé un ſentinelle, ce qui ſera exécuté ſur le champ par un Caporal de piquet.

LXI.

CE Caporal poſera pareillement deux autres ſentinelles à la droite & à la gauche du front du bataillon.

LXII.

CES trois ſentinelles feront faction la bayonnette au bout du fuſil.

LXIII.

OUTRE la conſigne particulière qui ſera donnée à celle du centre, de ne laiſſer toucher perſonne aux drapeaux ſans permiſſion; il leur ſera conſigné de plus en général, d'avoir la même attention pour les armes des faiſceaux, & d'avertir ſi-tôt qu'ils apercevront le Général de l'armée ou les Officiers généraux de jour, ou qu'ils découvriront de loin la moindre troupe.

LXIV.

ILS avertiront pareillement des deſordres qui pourront arriver dans le camp, & des aſſemblées que les Soldats pourroient faire pour tenir des jeux; & ils arrêteront les Soldats chargés de hardes & uſtenſiles qu'ils apporteroient de maraude.

LXV.

LE Capitaine de piquet vérifiera & renouvellera chaque jour les conſignes de ces ſentinelles.

LXVI.

Entrée dans le camp.

LES Brigadiers & les Colonels ne quitteront point la tête du camp, qu'ils n'y aient vû entrer leur brigade ou régiment.

LXVII.

LES Officiers & Sergens feront tendre & aligner les tentes de leur compagnie.

LXVIII.

Détachement au bois & à la paille.

LORSQUE les troupes seront dans le camp, on assemblera deux ou trois hommes par chambrée, en veste & bonnet, lesquels seront conduits en bon ordre au bois & à la paille, par des Officiers & Sergens commandés à cet effet.

LXIX.

SI le bois & la paille doivent être fournis au magasin, il s'y trouvera un Officier major par régiment pour le recevoir, & en faire la distribution par compagnie.

LXX.

SI les troupes doivent aller couper le bois dans les forêts & buissons, & chercher la paille dans les villages, on commandera un Capitaine par brigade, avec un nombre de Fusiliers armés, pour conduire les Soldats aux lieux que les Majors indiqueront; & cette troupe qui sera chargée de les contenir & d'empêcher le desordre, les ramènera en faisant l'arrière-garde.

LXXI.

LES Soldats seront conduits de même, toutes les fois qu'ils iront au bois, ou qu'on les fera changer de paille.

LXXII.

Propreté.

DÈS que les tentes seront tendues, les Officiers & Sergens feront balayer les rues & la tête du camp.

LXXIII.

Feu.

ILS empêcheront de faire du feu ailleurs qu'aux places marquées pour les cuisines.

LXXIV.

Communications.

LES Officiers majors feront faire diligemment les communications nécessaires, tant à leur droite qu'à leur gauche, en avant & en arrière, sans aucun égard au temps & à la fatigue; & s'il se trouvoit devant le régiment un terrein inégal, ils le feront applanir jusqu'à trente pas au-delà des faisceaux.

LXXV.

LE terrein dont chaque bataillon sera chargé, contiendra depuis le front de la première tente des Grenadiers, jusqu'à jusqu'à celle de la compagnie campée à la droite du bataillon voisin, l'intervalle de l'un à l'autre étant censé faire partie de celui qui aura été distribué au premier pour camper.

LXXVI.

ON fera creuser les latrines vingt pas en avant de la garde du camp, tant de la première que de la seconde ligne : on mettra un appui à la place où elles auront été marquées ; & tous les huit jours, on en fera de nouvelles, & on comblera les anciennes qu'on marquera avec un jalon. *Latrines.*

LXXVII.

DANS les régimens où il y aura des Bouchers, les Majors leur indiqueront en même temps le terrein où ils devront se placer, pour qu'ils ne causent point d'infection dans le camp, & les obligeront d'enterrer les entrailles des bestiaux qu'ils tueront. *Boucheries.*

LXXVIII.

ON commandera pour les premières corvées le nombre d'hommes nécessaires, sans y employer les Soldats de piquet ; & lorsqu'il y aura à la garde du camp, des Soldats arrêtés pour châtiment, on les obligera à faire les travaux du camp. *Corvées.*

LXXIX.

DEPUIS le moment où la troupe sera entrée dans le camp, jusqu'à celui où elle sera campée dans l'ordre où elle doit l'être, les Officiers majors seront tenus de rester à la tête du camp, sans pouvoir se retirer que tout ce qui est prescrit ci-dessus n'ait été auparavant exécuté. *Attentions des Majors.*

LXXX.

LES Majors des régimens qui auront joint l'armée, donneront en arrivant, & ensuite tous les mois, au Major général, un état exact de la force du régiment & du nombre des Officiers présens, auquel ils ajoûteront les noms & les grades des Officiers qui manqueront, les raisons de leur absence, & les lieux où ils seront.

LXXXXI.

ILS rendront compte au Major général de ce qu'il y aura à leur régiment de poudre, de balles & de pierres à fusil, pour qu'il leur en procure la quantité nécessaire.

DE LA GARDE DU CAMP.

LXXXXII.

Sa composition. La garde du camp sera composée d'un Sergent & d'un Tambour par bataillon, & d'un Soldat par compagnie.

LXXXXIII.

Sa place. CELLES des bataillons de la première ligne seront placées cent trente pas en avant des faisceaux, au centre de chaque bataillon.

Et pour les bataillons de seconde ligne, cent trente pas en arrière des dernières tentes des Soldats desdits bataillons.

LXXXXIV.

Temps de la monter. CETTE garde se montera tous les matins lorsqu'on battra l'assemblée, excepté les jours de marche.

LXXXXV.

LES Soldats de cette garde arrivant à leur poste, se rangeront en haie, & poseront leurs armes à terre chacun devant soi.

LXXXXVI.

ILS n'auront point de tente, & ne pourront quitter, non plus que le Sergent, ni pour aller manger, ni sous tel autre prétexte que ce soit.

LXXXXVII.

Prisonniers. LES prisonniers qui seront remis à cette garde, soit pour crime ou pour châtiment, seront consignés au Sergent, au Caporal & aux sentinelles qui en répondront aux peines portées par les Ordonnances; & les criminels seront liés & attachés à des piquets, & gardés à vûe.

LXXXXVIII.

Sentinelles. LES sentinelles de cette garde y feront faction le fusil sur l'épaule ; & lorsqu'il y aura des criminels à garder, ils le porteront ſur le bras, la bayonnette au bout du fuſil.

LXXXIX.

CETTE garde ne fournira d'autre ſentinelle que devant ſes armes, ſi ce n'eſt un ſeulement à la tente du Colonel ou autre Officier commandant le corps, lequel ſentinelle ſera fourni alternativement par les gardes de chaque bataillon du régiment.

XC.

DÈS que les gardes de la tête & de la queue du camp apercevront une troupe armée, elles prendront les armes & ſe mettront en haie, faiſant face au dehors du camp, & elles demeureront ſous les armes juſqu'à ce que cette troupe ſoit paſſée & éloignée de leur poſte. *Paſſage de troupes.*

XCI.

SI cette troupe marche tambour battant ou trompette ſonnante, le Tambour de la garde battra aux champs.

XCII.

LES Sergens des gardes du camp ſe trouveront tous les ſoirs à l'ordre, & ils confieront en cette ſeule occaſion, le ſoin de leur garde au Caporal. *Sergens à l'ordre.*

XCIII.

LE Tambour de la garde du camp battra la Diane au point du jour. *Diane.*

XCIV.

LES jours de marche, l'ancienne garde du camp marchera immédiatement après la compagnie de Grenadiers. *Jours de marche.*

XCV.

S'IL y a des priſonniers, le Sergent les fera mettre au centre.

XCVI.

LES criminels ſeront gardés par des Fuſiliers, qui marcheront à côté d'eux, ayant le fuſil ſur le bras & la bayonnette au bout, & tenant de l'autre main le bout de la corde à laquelle ils ſeront attachés : le Caporal marchera derrière eux armé de même.

XCVII.

CETTE garde ſera relevée à l'arrivée de la troupe au nouveau camp ; & la nouvelle garde ne ſera pas moins relevée le lendemain à l'heure accoûtumée, ſi la troupe ne doit pas marcher.

DU PIQUET.

XCVIII.

Sa formation. LORSQU'UN bataillon partira de ſon dernier logement pour aller camper, il formera un piquet de quarante-huit Fuſiliers & un Tambour, commandés par un Capitaine, un Lieutenant, un Lieutenant en ſecond ou Sous-lieutenant (lorſqu'il plaira à Sa Majeſté d'en entretenir dans toutes les compagnies) & deux Sergens.

XCIX.

Sa durée. LES Officiers, Sergens & Caporaux de ce piquet, ſeront relevés tous les jours, à l'heure que l'on battra la retraite.

A l'égard des Fuſiliers, on les remplacera à meſure qu'ils marcheront, ou on les relèvera quand ils auront été de piquet pendant deux fois vingt-quatre heures.

C.

Soldats commandés. ON tirera du piquet juſqu'à la fin de la campagne, tous les Soldats qui ſeront commandés pour quelque ſervice que ce ſoit, hors celui des travaux.

CI.

Remplacemens. A meſure qu'on en tirera des détachemens, les Sergens & Caporaux qui y reſteront, auront ſoin de les faire remplacer dans le moment, afin que le nombre de cinquante hommes ſoit toûjours complet, & toûjours prêt à marcher au premier ordre.

CII.

Sentinelles. LES Soldats de chaque piquet fourniront un ſentinelle devant leurs armes, trois ſentinelles au front du camp du bataillon, y compris celui pour les drapeaux, & les autres ſentinelles

ſentinelles qu'il ſera ordonné de placer derrière & ſur les flancs du camp.

C I I I.

On tirera auſſi du piquet un ſentinelle, qui ſera jour & nuit à la tente de l'Officier major chargé du détail du régiment, & un autre qui ſera la nuit ſeulement à la tente du Lieutenant-colonel ou du Commandant du bataillon, lorſqu'ils ne commanderont pas le régiment.

C I V.

Demeure dans le camp.

Les Officiers, Sergens, Caporaux & Soldats de piquet ne quitteront point le camp de leur bataillon, afin d'être toûjours prêts à prendre les armes quand on en aura beſoin ; & pendant la nuit ils ne ſe déshabilleront, & ne quitteront ni leurs ceinturons ni leurs épées.

C V.

Piquets détachés ſans les Officiers.

Les Officiers, Sergens & Caporaux de piquet ne ſortiront du camp que lorſque les piquets ſeront commandés ſous ce nom ; mais lorſque ces piquets deviendront détachemens, ils ſeront commandés par les Officiers & Sergens qui ſeront les premiers à marcher.

C V I.

Commandement de pluſieurs piquets d'un même régiment.

Lorsque les piquets de pluſieurs bataillons d'un même régiment marcheront enſemble, ceux des premiers bataillons ſeront commandés par les plus anciens Capitaines du régiment qui devront marcher, ſans avoir égard dans cette occaſion, aux bataillons auxquels ces Capitaines ſeront attachés.

C V I I.

Examen du piquet à la retraite.

Le nouveau Capitaine de piquet lui fera prendre les armes à la retraite, afin d'examiner ſi les hommes & leurs armes ſont en bon état ; & il leur fera remettre enſuite leurs armes au chevalet.

C V I I I.

Son partage pendant la nuit.

Après la retraite, les Soldats de piquet ſeront partagés par tiers, & chaque tiers ſera employé ſucceſſivement aux factions qu'ils auront à faire pendant la nuit, ou à demeurer près du faiſceau de leurs armes.

Il y reſtera toûjours avec eux un des Officiers & des deux Sergens de piquet.

C I X.

Replier les drapeaux.

DÈS que la retraite aura été battue, les Officiers de piquet feront replier les drapeaux par un Sergent & un Caporal de leur piquet.

C X.

Viſite des faiſceaux.

ILS auront ſoin que ces mêmes Sergent & Caporal aſſiſtent à la viſite que les Sergens de chaque compagnie devront faire des faiſceaux d'armes deſdites compagnies, & qu'ils les conſignent de nouveau aux ſentinelles.

C X I.

Viſite du camp.

ILS auront pareillement ſoin qu'une heure après la retraite battue, les Sergens de piquet faſſent rentrer les Soldats dans leurs tentes, qu'ils faſſent ſortir ceux qui ſeroient chez les Vivandiers, arrêter les filles de mauvaiſe vie & autres gens ſuſpects, pour être conduits au Prevôt, & mettre à la garde du camp les Soldats qui ſe ſeroient trouvés avec eux; & qu'ils faſſent éteindre les feux qui ſeroient allumés.

C X I I.

UN des Sergens de piquet fera la même viſite à minuit, & une autre pareille une heure avant le jour.

C X I I I.

Piquets ſous les armes le matin.

LES piquets prendront les armes le matin lorſqu'on les aſſemblera pour en tirer les détachemens, & les garderont, les Officiers étant à leur tête, juſqu'à ce que les gardes & détachemens ſoient partis du lieu où ils doivent s'aſſembler.

C X I V.

Viſite du Major de brigade.

LE Major de brigade viſitera les piquets pendant ce temps; & s'il trouve qu'il y manque quelque Officier ou Soldat, ou qu'il y en ait quelqu'un de négligé, il en rendra compte à ſon Brigadier & au Major général.

C X V.

Exercice pendant les ſéjours.

DANS les camps où les troupes ſéjourneront, un Officier major de chaque régiment fera faire l'exercice aux piquets tous les matins; après quoi il les fera rentrer & poser leurs armes.

C X V I.

Jours de marche.

Les jours de marche les Soldats de piquet porteront le chevalet & le manteau d'armes du piquet, & les piquets nécessaires pour le dresser.

C X V I I.

Lorsqu'après l'arrivée de la troupe au camp les détachemens tirés du piquet auront été remplacés, les cinquante hommes qui doivent composer celui de chaque bataillon, seront placés en bataille au centre du camp de leur bataillon, quinze pas en avant des faisceaux, & ils y demeureront jusqu'à ce que les Soldats qui auront été envoyés au bois & à la paille, soient rentrés.

C X V I I I.

Place du chevalet.

Pendant qu'on tendra le camp, un Sergent du piquet en détachera quatre ou six Soldats pour aller dresser le chevalet, où les armes du piquet doivent être posées.

Ce chevalet sera mis à deux pas de la droite du camp du bataillon, dans l'intervalle du front de bandière aux faisceaux, observant de le placer de même sur la gauche du camp des bataillons des brigades qui seront campés à colonne renversée.

C X I X.

Rentrée du piquet.

La troupe étant établie dans le camp, & les Soldats revenus de la paille & du bois, on fera rentrer le piquet, qui ira se mettre en bataille dans l'intervalle de son bataillon, du côté où le chevalet aura été placé.

Il sera sur quatre rangs, dont le premier s'alignera sur le front de bandière.

C X X.

Le Capitaine fera présenter les armes aux Soldats, & les fera défiler devant lui pour aller poser leurs armes au chevalet, près lequel il y aura un sentinelle, fusil sur l'épaule, & le Capitaine plantera son esponton près du chevalet.

C X X I.

Présenter les piquets.

Les piquets ne prendront jamais les armes sans un ordre positif du Général, des Officiers généraux de jour, des Majors & Aide-majors généraux, ou du Major de brigade.

C X X I I.

Ils ne rendront d'honneurs à personne; mais lorsqu'ils auront à paroître, pour faire voir qu'ils seront en état, ils se mettront en bataille dans l'intervalle de leur bataillon, comme il vient d'être expliqué, les Officiers & Sergens à leur tête, & ils laisseront leurs fusils au chevalet.

C X X I I I.

Ils se présenteront en cet état au Commandant de l'armée, aux Princes du sang & légitimés, aux Maréchaux de France, aux Officiers généraux de jour, aux Inspecteurs généraux d'Infanterie, & au Major général, lorsqu'ils le demanderont.

DE LA FORMATION DES BRIGADES.

C X X I V.

Les régimens destinés à servir en campagne, seront mis en brigade à leur arrivée à l'armée.

C X X V.

Régimens, chefs de brigade.

Les plus anciens régimens seront chefs des brigades, & les autres y seront distribués ensuite, suivant leur rang autant qu'il sera praticable.

On observera néanmoins de mettre ensemble, s'il se peut, les régimens étrangers d'une même nation.

Cet arrangement sera soûmis toutefois à ce qu'il plaira au Général d'en ordonner.

C X X V I.

Arrangemens des régimens & bataillons.

Le régiment chef de brigade en prendra la droite, soit pour se mettre en bataille, pour marcher ou pour camper; le second se placera à la gauche; & quand il y en aura un plus grand nombre, ils se placeront de même alternativement,

alternativement, de manière que le dernier ſe trouve au centre.

Cet ordre ſera renverſé dans les brigades qui fermeront les gauches des lignes de l'armée.

CXXVII.

LES bataillons d'un même régiment obſerveront entre eux le même ordre que tiendront les régimens dans la formation de la brigade.

CXXVIII.

CHAQUE brigade ſera commandée par le Colonel des régimens qui la compoſeront qui ſera le plus ancien Brigadier; & s'il n'y a point dans la brigade de Colonel qui ſoit Brigadier, le plus ancien Brigadier entre les Lieutenant-colonels, ou autres Officiers de ces régimens, la commandera. *Brigadiers.*

CXXIX.

LORSQU'IL ne ſe trouvera pas de Brigadier dans le nombre des Officiers des régimens qui compoſeront une brigade, le Général en choiſira un pour la commander entre les Brigadiers d'une autre brigade qui n'en auront pas le commandement.

CXXX.

LE Major du plus ancien régiment d'une brigade, ſera Major de cette brigade; & en ſon abſence, le Major du ſecond régiment de la brigade en fera les fonctions. *Majors de brigade.*

CXXXI.

S'IL n'y avoit dans une brigade aucun Major en état de faire le ſervice de Major de brigade, il y ſeroit ſuppléé par celui des Aide-majors du plus ancien régiment de la brigade, faiſant depuis plus long-temps les fonctions d'Aide-major.

DES OFFICIERS SUPÉRIEURS de piquet.

CXXXII.

IL ſera nommé tous les jours à l'ordre (outre les *Leurs grades.*

Officiers généraux de jour) un Brigadier, un Colonel, un Lieutenant-colonel & un Major de brigade, pour être de piquet pendant vingt-quatre heures: leur service commencera les jours de séjour, à l'heure que les Tambours battront pour l'assemblée des gardes; & les jours de marche, dans le temps qu'on assemblera les nouvelles gardes qui doivent marcher avec les campemens.

CXXXIII.

Leurs fonctions.

CES Officiers se trouveront à la tête des piquets toutes les fois qu'on les assemblera.

CXXXIV.

LORSQUE les piquets coucheront au biwac, le Brigadier, le Colonel & le Lieutenant-colonel de piquet, feront chacun une ronde dans le camp pendant la nuit, dont l'heure sera réglée par le Brigadier, & ils passeront à la tête & à la queue du camp, & entre les deux lignes, examinant si les piquets seront alertes & en état.

CXXXV.

Réception lors de leurs visites.

QUAND les Officiers supérieurs du piquet approcheront du piquet, le sentinelle placé devant les armes les arrêtera à environ quinze pas, & appelera son Caporal qui s'avancera l'épée à la main, suivi de deux Fusiliers, & ira recevoir le mot de celui qui fera cette ronde.

CXXXVI.

LE Caporal ayant reçû le mot de l'Officier supérieur de piquet, retournera en rendre compte au Capitaine; & cependant les deux Fusiliers demeureront, les armes présentées, vis-à-vis l'Officier supérieur qui s'arrêtera jusqu'à ce que le Capitaine ait ordonné de le laisser avancer, & vienne, l'esponton à la main, escorté de quatre Fusiliers présentant leurs armes, à six pas du sentinelle, où l'Officier supérieur s'avancera & recevra le mot du Capitaine, lequel après avoir quitté son esponton, lui fera voir son piquet qu'il aura fait mettre en état pendant ce temps.

CXXXVII.

Compte à rendre.

LES Officiers supérieurs de piquet rendront compte

le lendemain matin aux Officiers généraux de jour, de ce qui se sera passé dans le camp pendant leur ronde, & de la vigilance des piquets qu'ils auront visités.

CXXXVIII.

Assemblée des gardes.

LE Brigadier, le Colonel, le Lieutenant-colonel & le Major de piquet se trouveront tous les matins à l'assemblée des gardes; & les jours qu'elles ne s'assembleront pas, ils iront à cette même heure chez le Lieutenant général de jour, pour y recevoir ses ordres.

CXXXIX.

LE Major de brigade de piquet remettra aux Officiers généraux de jour, l'état des gardes ordinaires, en indiquant les lieux où elles seront postées.

CXL.

Visite des postes.

LE Brigadier, le Colonel & le Lieutenant-colonel de piquet, suivront les Officiers généraux de jour dans la visite qu'ils feront des postes, ou recevront leurs ordres pour les aller visiter.

CXLI.

DANS ce dernier cas, ils examineront si les postes & leurs sentinelles seront bien placés; si on les aura mis hors d'insulte & en état de défense, & s'il y restera quelque chose à faire; & ils questionneront les Capitaines pour savoir si on leur aura consigné tout ce qui sera nécessaire.

CXLII.

A leur retour ils rendront compte aux Officiers généraux de jour, de ce qu'ils auront trouvé à redire dans cette visite, & de ce qu'ils croiront qu'il y auroit à changer.

CXLIII.

Major de brigade de piquet.

LE Major de brigade qui sera de piquet, assemblera aux rendez-vous indiqués tous les détachemens commandés.

CXLIV.

IL veillera à la discipline du camp, & sera chargé des détails qui y sont relatifs.

CXLV.

Aide-major de piquet.

IL y aura tous les jours en chaque brigade un Aide-major de piquet, qui sera nommé à l'ordre par le Major de brigade.

CXLVI.

CET Aide-major aura l'état des Officiers de la brigade qui seront les premiers à marcher.

CXLVII.

IL ne sortira point du camp, pour être toûjours en état de faire exécuter diligemment les ordres qui arriveront, tant de jour que de nuit.

CXLVIII.

IL conduira les détachemens commandés aux rendez-vous donnés pour les assembler, ainsi que les piquets de la brigade, lorsqu'ils devront aller à une exécution ou ailleurs.

CXLIX.

IL fera toutes les nuits une ronde dans la brigade, à l'heure qui lui paroîtra la plus convenable, escorté d'un Sergent & de deux Fusiliers du piquet.

CL.

IL visitera les gardes du camp de cette brigade, pour voir si les Sergens & leurs gardes feront leur devoir, après néanmoins leur avoir donné le mot, afin d'en être reconnu.

CLI.

IL examinera le long du camp si les sentinelles seront alertes.

CLII.

ET il verra si le feu des cuisines sera éteint, si l'on ne donnera point à boire chez les Vivandiers, & s'il ne se passera aucun desordre.

CLIII.

Sergent & Caporal d'ordonnance.

CHAQUE brigade aura toûjours un Sergent & un Caporal d'ordonnance chez le Major général.

DE L'ORDRE.

CLIV.

Donné chez le Major général.

LES Majors de brigade iront tous les jours à l'ordre chez

chez le Major général, à l'heure qu'il leur aura indiquée, pour y écrire l'ordre qu'il leur dictera, ainsi que les détails qui concerneront leurs brigades.

C L V.

Ils ne s'exempteront d'aller à l'ordre sous aucun prétexte; & lorsque, pour des raisons légitimes, quelqu'un d'eux ne pourra s'y trouver, il sera avertir le Major du second régiment de la brigade, qui s'y rendra à sa place.

C L V I.

Il ne sera admis à l'ordre chez le Major général, que les Majors de brigade & ceux qui en feront la fonction pour l'Artillerie & pour le Génie, & les Aides-de-camp des Officiers généraux attachés à l'Infanterie.

C L V I I.

Porté au Brigadier.

Le Major de brigade portera l'ordre & le mot au Brigadier commandant la brigade, lorsque ledit Brigadier sera au camp, & il recevra ses ordres sur ce qu'il aura à y ajoûter avant de le distribuer aux autres Majors de la brigade.

C L V I I I.

Distribué par les Majors de brigade.

Les Majors, & à leur défaut les Aide-majors des régimens, iront à l'ordre chez le Major de leur brigade, qui le leur dictera avec le détail concernant le service de leur régiment, & ce que le Brigadier aura jugé à propos d'y ajoûter.

C L I X.

Porté aux Colonels.

Les Majors des régimens ayant pris l'ordre du Major de leur brigade, iront porter le mot à leur Colonel lorsqu'il sera au camp, lui feront la lecture de l'ordre, & recevront ceux qu'il aura à donner; après quoi ils iront donner l'ordre à leurs régimens.

C L X.

Aux Lieutenant-colonels.

En l'absence du Colonel le Major donnera le mot au Lieutenant-colonel, à qui il sera porté par un Aide-major quand le Colonel sera présent; & lorsque le Colonel & le Lieutenant-colonel ne seront point au régiment, le

Major portera l'ordre également à l'Officier qui le commandera à leur défaut.

CLXI.

Envoi de l'ordre. DÉFEND Sa Majesté à tous Officiers majors de s'envoyer l'ordre d'un régiment ou d'un bataillon à l'autre, autrement que par un Officier & par écrit, & jamais par un Sergent ni verbalement.

CLXII.

Cercles. LORSQUE le Major d'un régiment voudra donner l'ordre, le Tambour du piquet du premier bataillon de ce régiment fera trois roulemens pour y appeler, sans jamais crier à l'ordre.

CLXIII.

ALORS les Aide-majors, les Sergens & les Caporaux du régiment s'assembleront au centre du régiment, vingt pas en avant des faisceaux.

CLXIV.

LES Sergens ayant la hallebarde à la main, & ceux des Grenadiers le fusil sur le bras gauche, formeront le cercle, en se rangeant suivant l'ordre de leurs bataillons & compagnies.

CLXV.

LES Caporaux en feront un second derrière les Sergens tenant les armes présentées au dehors, & empêchant que personne n'approche.

CLXVI.

LE Tambour-major se mettra entre les Sergens & les Caporaux.

CLXVII.

LES Officiers majors du régiment entreront seuls dans le cercle.

CLXVIII.

LE Major, & en son absence, l'Aide-major expliquera l'ordre aux Sergens, & ce qu'ils auront à exécuter.

CLXIX.

IL nommera les Officiers commandés pour monter la

garde, pour aller en détachement & pour remplacer le piquet.

CLXX.

IL s'informera quels seront les Sergens qui devront être de garde, de détachement, de piquet & d'ordonnance, & il leur recommandera les attentions nécessaires.

CLXXI.

IL ôtera ensuite son chapeau, ainsi que les Officiers & Sergens, & donnera le mot aux Officiers, puis au premier Sergent du cercle qui s'avancera pour le recevoir; & étant retourné à sa place, le donnera au second, celui-ci au troisième, & ainsi de suite.

Les Sergens resteront chapeau bas jusqu'à ce que le dernier Sergent du cercle ait rendu le mot au Major.

CLXXII.

AUSSI-TOST après que l'ordre aura été donné à la tête du camp, les Aide-majors iront en rendre compte au Commandant de leur bataillon, & lui donneront le mot en même temps. *Ordre rendu par les Aide-majors.*

CLXXIII.

LES Sergens porteront l'ordre aux Officiers de leur compagnie, sans pouvoir jamais en être dispensés, ils auront le chapeau bas en leur donnant le mot, & les Officiers le recevront de même. *Par les Sergens.*

CLXXIV.

ILS iront ensuite aux tentes de leur compagnie faire entendre aux Caporaux & Chefs de chambrée, ce qui aura été défendu & ordonné.

CLXXV.

LES Caporaux avertiront les Soldats qui devront marcher.

CLXXVI.

UN Sergent & un Caporal de chaque piquet, de même que les Sergens des gardes du camp, se trouveront au cercle pour prendre l'ordre & le mot, & le porter aux Officiers desdits piquets. *Sergens & Caporaux des piquets & gardes du camp.*

DE LA RETRAITE
& autres règles du Camp.

CLXXVII.

Signal de la retraite. On battra tous les jours la retraite à ſoleil couchant, au ſignal d'un coup de canon, ou, à ce défaut, au ſignal que donneront les Tambours de la brigade de la droite, afin que tous les Tambours puiſſent commencer à battre enſemble.

CLXXVIII.

Marche des Tambours. Les Tambours, tant pour la retraite que pour tout ce qu'ils auront à battre, iront & reviendront le long du front du régiment, en commençant par la droite, ou par la gauche ſi le régiment étoit campé à colonne renverſée.

CLXXIX.

Replier les drapeaux. La retraite battue, un Sergent & un Caporal de piquet replieront les drapeaux & les coucheront enſemble ſur quatre petits chevalets qui ſeront mis pour cet uſage près de celui des armes du piquet de chaque bataillon, entre le front de bandière & les faiſceaux.

CLXXX.

Les drapeaux ainſi couchés ſeront conſignés au ſentinelle du piquet, & le ſentinelle qui les gardoit reſtera pendant la nuit ſur le front du bataillon, pour continuer d'y garder les faiſceaux.

CLXXXI.

Manteaux d'armes ſur les faiſceaux. Immédiatement après la retraite, un Sergent de chaque compagnie fera mettre le manteau d'armes ſur le faiſceau, s'il en a été ôté pendant le jour.

Il en viſitera en même temps les armes en préſence d'un Sergent & Caporal de piquet; & s'il en manque, après avoir vérifié à qui elles appartiendront, il fera arrêter les Soldats qui les auront priſes, & les ſentinelles à qui elles étoient conſignées.

CLXXXII.

E'teindre les feux. On éteindra les feux des cuiſines après la retraite; les Vivandiers ceſſeront de donner à boire, & les Soldats ſeront

ſeront rentrés dans leurs tentes une heure après au plus tard.

CLXXXIII.

AVANT la nuit il ſera poſé à la queue de chaque bataillon deux ſentinelles tirés du piquet, auxquels il ſera ordonné d'arrêter les Soldats qui rentreront au camp par les derrières, ou qui voudroient en ſortir. *Sentinelles de nuit.*

CLXXXIV.

LES Sergens feront régulièrement des appels de leurs compagnies, après la retraite battue & au point du jour, & plus ſouvent s'il eſt néceſſaire. *Appels.*

CLXXXV.

ILS feront enſuite leurs billets d'appel, ſur leſquels ils marqueront s'il manque quelqu'un ou non, & le nombre des Soldats qui ſeroient morts au camp ou qui auroient été envoyés à l'hôpital d'un appel à l'autre.

Ils dateront & ſigneront ces billets, & ils les porteront au Sergent de piquet qui ſera chargé de ramaſſer ceux du bataillon, de les remettre au Major du régiment, & d'en aller rendre compte au Commandant du bataillon.

CLXXXVI.

CES appels ſe feront tente par tente, en appelant les Soldats par leur nom, & les obligeant de répondre chacun pour ſoi.

Les Sergens qui y manqueront par négligence, ou qui ne marqueront pas ſur leurs billets les Soldats qui ne ſe ſeroient pas trouvés à leur appel, ſeront punis ſévèrement.

CLXXXVII.

LES Officiers ſubalternes des compagnies en feront l'appel après la retraite, indépendamment de celui des Sergens; & ils marqueront les Soldats qui y auront manqué, ſur des billets qu'ils ſigneront, & qu'un d'entre eux remettra au Commandant du régiment.

CLXXXVIII.

LES Majors des régimens formeront, ſur les billets d'appel des Sergens, des billets datés & ſignés d'eux, qu'ils enverront tous les matins au Major de leur brigade.

Ils marqueront ſur ces billets les noms des Soldats qui auront manqué à l'appel, avec ceux de leurs compagnies, & l'heure à laquelle on ſe ſera aperçû de leur abſence.

Quand il n'auroit manqué perſonne, ils n'en feront pas moins mention ſur leurs billets.

Ils y marqueront auſſi le nombre des Soldats entrés à l'hôpital ou morts au camp.

CLXXXIX.

CHAQUE Major de brigade formera de même ſur les billets des Majors des régimens de ſa brigade, un billet détaillé des hommes qui y auront manqué, qu'il remettra, après l'avoir daté & ſigné, au Sergent qui devra aller à l'ordonnance, pour le porter au Major général.

CXC.

LE Major général formera du tout un état général, qu'il remettra au Commandant de l'armée à l'heure de l'ordre.

CXCI.

Battre la garde. LA garde ſe battra tous les matins à l'heure qui ſera ordonnée par le Général, ſoit que les gardes doivent s'aſſembler ou non.

CXCII.

La breloque. APRÈS que les gardes ſeront parties du camp, le Tambour du piquet du premier bataillon de la droite, battra la breloque, qui ſera ſuivie par tous les Tambours des piquets de la ligne; ce qui ſervira d'avertiſſement pour faire balayer les rues & la tête du camp, juſqu'à trente pas au delà des faiſceaux.

CXCIII.

Découvrir les faiſceaux. DÈS que le camp aura été balayé, un Sergent de chaque compagnie fera ôter le manteau d'armes de deſſus le faiſceau, ſi le temps le permet; il viſitera les armes en préſence d'un Sergent ou d'un Caporal de piquet, & aura ſoin qu'elles ſoient bien rangées autour du faiſceau, les platines en dehors, avec des tampons ſur le baſſinet.

CXCIV.

Remettre les drapeaux à leur place.

Les Sergens de piquet feront transporter les drapeaux en leur place, en se réglant sur le bataillon de la droite; on les y déployera, si le temps le permet, & on les consignera de nouveau au sentinelle du centre du front du bataillon.

CXCV.

Visite des tentes par les Lieutenans.

Les Lieutenans des compagnies feront tous les matins la visite des tentes, afin de voir si les Soldats seront propres & s'ils feront ordinaire; & un d'entre eux en rendra compte au Commandant du régiment, de même que des Soldats qui seront arrêtés à la garde du camp.

CXCVI.

Visite des armes & cartouches.

Les Lieutenans des compagnies feront aussi tous les jours la visite des armes; ils y ordonneront les réparations nécessaires, tiendront la main à ce qu'elles soient faites, & en rendront compte au Commandant du régiment.

CXCVII.

Ils veilleront de même, ainsi que le Major du régiment, lorsque la distribution de la poudre, des balles & des pierres à fusil aura été faite, à ce que les Soldats aient toûjours leur porte-cartouche garni, & qu'ils aient chacun deux pierres de rechange avec les autres petits ustensiles nécessaires pour l'entretien & la propreté des armes; & à mesure que ces munitions seront consommées, les Majors des régimens en informeront le Major général, afin qu'il les fasse remplacer.

CXCVIII.

Exercices.

Dans les camps où l'armée séjournera plus de deux jours, on fera faire l'exercice aux troupes le plus souvent qu'il se pourra.

CXCIX.

Lorsque l'on fera tirer les Soldats dans les exercices, ils n'y emploieront point les munitions qui seront dans leurs cartouches, mais seulement la poudre qui leur sera donnée à cet effet.

C C.

Les Sergens auront attention à retirer la poudre & les balles des Soldats de leurs compagnies qui feront envoyés aux hôpitaux, & de les donner à ceux qui en manqueront.

C C I.

Décharge des armes. Lorsqu'après les pluies il fera néceſſaire de faire décharger les fuſils, les Sergens auront ſoin de faire décharger avec un tire-bourre, ceux qui auront été mouillés; & s'il y en a qu'on ne puiſſe décharger de cette façon, ils ne pourront être tirés qu'entre neuf & dix heures du matin, & en préſence d'un Officier, qui prendra les précautions néceſſaires pour éviter les accidens.

C C I I.

Cris défendus. On ne ſe ſervira point dans les camps du mot *arrête*, pour quelque choſe que ce ſoit; & s'il s'agit de faire arrêter quelqu'un qui fuit, on criera *au voleur.*

C C I I I.

Le terme d'*alerte* ſera auſſi interdit dans les poſtes & aux gardes pour y faire prendre les armes; & les Officiers & Sergens de ces poſtes, ou Gardes, tiendront la main à ce que l'on ſe ſerve de celui d'appeler *aux armes.*

C C I V.

Batteries des Tambours. Les Tambours ne battront que pour les choſes ordonnées, & pour leurs écoles qui ne commenceront jamais par la Générale, & ſe tiendront ordinairement aux heures que les Tambours ont coûtume de s'aſſembler pour dîner & pour ſouper.

DE L'ORDRE A OBSERVER pour commander les gardes & détachemens.

C C V.

Détachemens par brigade. Les détachemens pour toutes ſortes de ſervice, feront commandés par brigade, chacune devant fournir à ſon tour en commençant par la première, à proportion du nombre de bataillons dont elles feront compoſées.

C C V I.

Contrôles du Major général.

Le Major général tiendra un contrôle des brigades de l'armée, sur lequel seront marqués tous les détachemens commandés. Il tiendra pareillement des contrôles des Brigadiers, Colonels & Lieutenant-colonels de l'armée, pour les commander chacun à leur tour.

C C V I I.

Brigadiers.

Les Brigadiers seront commandés par rang d'ancienneté.

C C V I I I.

Colonels & Lieutenant-colonels.

Les Colonels en pied ou qui commanderont des corps, & les Lieutenant-colonels en pied, seront commandés suivant le rang de leurs régimens.

C C I X.

Les Colonels réformés à la suite des régimens, & les autres Officiers qui auront obtenu des commissions de Colonels, prendront rang après les Colonels en pied ou Commandans des corps, & entre eux, de la date de leurs commissions de Colonels; & ils auront, étant commandés en cette qualité, la même autorité que les Colonels en pied.

C C X.

Il en sera de même des Lieutenant-colonels réformés, ou par commission, qui seront commandés après les Lieutenant-colonels en pied, & entre eux, suivant la date de leurs commissions de Lieutenant-colonels.

C C X I.

Les Colonels & Lieutenant-colonels par commission, qui auront d'autres emplois dans l'Infanterie, y feront un double service; mais ils feront toûjours celui de leurs emplois par préférence à celui de Colonel & de Lieutenant-colonel.

C C X I I.

Régimens des Gardes.

Les Lieutenant-colonels des régimens des Gardes-françoises & Suisses, & les Capitaines qui se trouveront à la tête & commandant lesdits régimens, & qui n'auront point de lettres de service en qualité d'Officiers généraux ou de Brigadiers, tiendront rang de premiers Colonels d'Infanterie.

Les autres Capitaines desdits régimens, tiendront rang de Colonels d'Infanterie du jour que le rang leur en a été accordé par l'ordonnance du 26 mars 1691, de même que s'il avoit été créé ce jour-là un régiment de chacune des compagnies desdits régimens.

Les Lieutenans desdits régimens tiendront rang de Lieutenant-colonels, & marcheront après tous les Lieutenant-colonels en pied, & avant les Lieutenant-colonels réformés, ou par commission.

Les Sous-lieutenans & Enseignes marcheront après les Capitaines, & devant tous les Lieutenans des autres régimens.

CCXIII.

Contrôles des Majors de brigade.

LES Majors de brigade tiendront un contrôle des régimens de leur brigade, où ils marqueront les Officiers & Soldats qui seront commandés par proportion du nombre de leurs bataillons, & par rang de régiment, en commençant par le régiment chef de brigade.

CCXIV.

Contrôles des Majors des régimens.

CHAQUE Major de régiment tiendra aussi des contrôles de chaque bataillon dudit régiment, compagnie par compagnie, sur lesquels il marquera les Officiers & le nombre des Sergens, Caporaux & Soldats qui seront commandés.

CCXV.

Commencement, & durée des contrôles.

CES contrôles commenceront du jour de l'arrivée des régimens au lieu de l'assemblée de l'armée, & seront continués jusqu'au jour de sa séparation ; de manière qu'ils recommenceront toutes les fois qu'on entrera en campagne.

CCXVI.

Tours de garde.

IL y aura quatre sortes de tours de garde, non compris le service des siéges, dont il sera parlé dans la suite.

Le premier sera pour les gardes de l'armée & tous détachemens en armes.

Le ſecond, pour les gardes d'honneur.

Le troiſième, pour le piquet.

Et le quatrième, pour les détachemens non armés, qui ſeront réputés corvées ou gardes de fatigue.

CCXVII.

CHACUN de ces trois premiers tours ſera commandé par la tête, & le quatrième par la queue, en ſuivant exactement le rang des Capitaines, & faiſant marcher les ſubalternes ſuivant celui des compagnies auxquelles ils ſeront attachés; ce qui n'empêchera pas que ceux du même régiment ne commandent entre eux ſuivant leur ancienneté.

CCXVIII.

LES Sergens, Caporaux & Soldats ſeront pareillement commandés par rang de compagnie.

CCXIX.

Concours des différens tours de garde.

L'OFFICIER qui ſe trouvera en même temps le premier à marcher pour différens ſervices, ſera commandé par préférence pour le premier de ces ſervices, dans l'ordre qui eſt déſigné ci-deſſus.

CCXX.

CELUI dont le tour viendra de marcher à un détachement armé pendant qu'il ſera à une garde d'honneur, demeurera à cette garde.

S'il eſt de piquet, il le quittera, & ſera cenſé l'avoir fait, pourvû que le détachement paſſe les gardes ordinaires; & à l'inſtant qu'il ſera commandé, on le remplacera par celui de ſes camarades qui le ſuivra dans le tour du piquet.

S'il eſt de corvée, il la quittera pareillement, pourvû que ſa corvée ſoit au camp, & ſera cenſé l'avoir faite; mais ſi la corvée eſt hors du camp, il la finira.

CCXXI.

CELUI dont le tour viendra de marcher à une garde d'honneur pendant qu'il ſera employé à un détachement armé, continuera ſon ſervice actuel.

S'il eſt de piquet ou de corvée, il en ſera uſé comme il eſt expliqué à l'article précédent.

CCXXII.

CELUI dont le tour pour être de piquet arrivera pendant qu'il ſera en détachement, garde d'honneur ou corvée, continuera ſon ſervice.

CCXXIII.

CELUI dont le tour de corvée arrivera tandis qu'il ſera de détachement ou de garde, continuera ſon ſervice.

S'il eſt de piquet, il le quittera pour faire ſa corvée.

CCXXIV.

Quand le tour ſera paſſé.

TOUT Officier qui étant le premier à marcher pour un détachement armé, une garde d'honneur ou le piquet, ne ſe trouvera pas au camp quand on le commandera, ou ne pourra faire ce ſervice pour quelque cauſe que ce ſoit, ſera remplacé par celui qui le ſuivra, & ſon tour ſera paſſé.

Il ne pourra même venir prendre le commandement du détachement ni de la garde, ſi-tôt qu'elle ſera en marche & au-delà des gardes ordinaires de l'armée.

CCXXV.

A l'égard des gardes de fatigue ou corvées, le tour n'en paſſera jamais, ſoit que l'Officier commandé ſoit abſent ou de ſervice ailleurs, devant toûjours le reprendre après ſon retour au camp.

CCXXVI.

Quand le ſervice ſera cenſé fait.

LES détachemens ſeront cenſés faits, dès qu'ils auront paſſé les gardes ordinaires de l'armée.

Les corvées ſeront auſſi réputées faites, pourvû qu'elles aient été employées, ou qu'elles aient paſſé les gardes ordinaires.

Tout détachement renvoyé du lieu du rendez-vous, ne ſera pas cenſé fait.

CCXXVII.

Commandant par accident.

LE Commandant d'un régiment par accident, devra être commandé à ſon tour de détachement ou de garde; il ſera il ſera ſeulement exempt de piquet & de corvée pendant le temps qu'il commandera.

CCXXVIII.

Capitaines de Grenadiers.

Les Capitaines de Grenadiers marcheront avec leurs compagnies quand elles ſeront détachées, lors même qu'ils ſe trouveront commander le régiment ou un bataillon par accident.

CCXXIX.

En l'abſence du Capitaine de Grenadiers & des autres Officiers de ſa compagnie, le plus ancien Capitaine & les plus anciens ſubalternes du bataillon, marcheront à leur place avec cette troupe.

CCXXX.

Quand les Officiers des Grenadiers s'abſenteront pour plus de quatre jours, le Major du régiment en fera avertir les Officiers du bataillon qui doivent les remplacer, leſquels, du jour qu'ils ſeront avertis, juſqu'au retour de ceux qu'ils auront remplacés, ne feront point d'autre ſervice.

CCXXXI.

Si le Capitaine, commandant par accident une compagnie de Grenadiers, ſe trouve commander un bataillon par un autre accident, il demeurera en ce cas attaché au bataillon; & le Capitaine qui le ſuivra dans le bataillon, le remplacera à la compagnie de Grenadiers, juſqu'à ce que le Capitaine titulaire y ſoit préſent.

CCXXXII.

Officiers majors.

Les Majors de brigade ſeront commandés pour le piquet, ſuivant le rang de leurs brigades.

Ils ne marcheront à aucun détachement, mais ſeulement avec leur brigade ou leur régiment.

CCXXXIII.

Il ſera commandé un Major ou un Aide-major pour accompagner un Brigadier commandé pour aller en détachement ou de piquet, lequel ſera pris dans la même brigade où le Brigadier ſera employé, ſoit qu'il la commande ou non, & par préférence dans ſon régiment ſi ce Brigadier en eſt Colonel.

CCXXXIV.

Les Majors des régimens marcheront avec leurs Colonels, à moins qu'ils ne ſoient Majors de brigade; auquel cas un Aide-major accompagnera le Colonel à la place du Major.

CCXXXV.

Les Aide-majors marcheront avec les Colonels réformés, ou par commiſſion, qui ſeront attachés à leurs régimens, & avec les Lieutenant-colonels & Commandans de bataillon.

Ces Officiers prendront avec eux un Lieutenant à la place d'un Aide-major, lorſqu'il ne reſtera qu'un Officier major au régiment.

CCXXXVI.

Détachemens de Capitaines.

Les détachemens commandés par des Capitaines, ne ſeront jamais moindres que de cinquante hommes, y compris les Sergens & le Tambour.

CCXXXVII.

Officiers ſubalternes.

Il marchera toûjours un Lieutenant ou Enſeigne avec chaque Capitaine; & lorſqu'il y aura trois Officiers par compagnie, il marchera de plus avec le Capitaine & le Lieutenant, un Lieutenant en ſecond ou Sous-lieutenant.

CCXXXVIII.

S'il arrivoit que tous les emplois de Lieutenant en ſecond ou de Sous-lieutenant d'un régiment ne fuſſent pas remplis, ou qu'il y eût un trop grand nombre d'Officiers abſens, les Commandans des régimens pourront en ce cas, faire rouler les Lieutenans en ſecond ou Sous-lieutenans, avec les Lieutenans en premier; obſervant dans les détachemens où le Lieutenant pourroit être ſéparé de ſon Capitaine, d'y faire marcher un Lieutenant en premier & un Lieutenant en ſecond, afin que quand il plaira à Sa Majeſté d'entretenir des troiſièmes Officiers dans les compagnies, le Capitaine ne ſoit jamais ſans avoir avec lui un Officier ſubalterne, & que la partie du détachement où le Capitaine ne ſe trouvera pas, ſoit toûjours commandée par un Lieutenant en pied.

CCXXXIX.

Les Officiers ſubalternes, Sergens, Caporaux & Soldats des détachemens & des gardes, ſeront toûjours des mêmes régimens que les Capitaines qui devront les commander. *Formation des détachemens.*

CCXL.

Les Sergens des compagnies auront attention que les détachemens ſoient toûjours mêlés d'anciens & de nouveaux Soldats.

CCXLI.

Chaque Sergent commandé aura avec lui un Caporal de ſa compagnie; & il ne ſera pas formé d'autre eſcouade en campagne.

CCXLII.

Lorsque les Officiers généraux demanderont des détachemens à une brigade, le Major de la brigade les commandera ſur le champ; & tout auſſi-tôt il en rendra compte au Brigadier & au Major général qui en tiendra compte à la brigade. *Détachemens demandés par les Officiers généraux.*

DE L'ASSEMBLÉE, inſpection & conduite des Gardes.

CCXLIII.

Le Général de l'armée ordonnera l'heure à laquelle les Tambours devront battre l'aſſemblée tous les matins, ſoit que les gardes s'aſſemblent ou non. *Heure de battre l'aſſemblée.*

CCXLIV.

Une demi-heure auparavant que l'on batte l'aſſemblée, les Majors des régimens aſſembleront à la tête de leur camp, les détachemens deſtinés, tant pour la garde du camp & les gardes ordinaires, que pour celles des Officiers généraux & le remplacement du piquet; & ils les viſiteront pour s'aſſurer qu'ils ſoient pourvûs du pain, des munitions de guerre, & des outils qu'ils devront avoir ſelon le ſervice auquel ils ſeront deſtinés. *Viſite des Majors des Régimens.*

CCXLV.

Un tiers des Soldats commandés pour les gardes de *Nombre d'outils.*

l'armée ou détachemens, portera toûjours des outils en nombre égal de chaque espèce.

CCXLVI.

Conduite à la tête du régiment chef de brigade.

Après que le Major aura visité, à la tête du régiment, les détachemens qui devront former les gardes ordinaires, il les fera conduire par un Officier major à la tête du régiment chef de brigade, assez à temps pour que le Major de brigade puisse en faire l'inspection avant que l'on batte l'assemblée.

CCXLVII.

Jonction des Officiers.

Les Officiers commandés joindront, à la tête de leurs régimens, les détachemens avec lesquels ils devront marcher.

Ils assisteront à la visite que le Major du régiment en fera, & ils en compteront les hommes, pour être sûrs qu'il y en ait le nombre ordonné.

CCXLVIII.

Gardes qui vont directement à leurs postes.

Lorsque l'on battra l'assemblée, chaque Major de régiment fera partir la garde du camp, & celles des Officiers généraux, lesquelles se rendront en droiture de la tête de leur camp au lieu de leur destination, sans autre inspection.

CCXLIX.

Rendez-vous général des gardes.

A l'égard des détachemens qui auront été conduits à la tête des régimens chefs de brigade, ils en partiront au moment que l'on battra l'assemblée, soit pour se rendre chacun en droiture à sa destination, lorsqu'il ne sera pas ordonné de les assembler, soit lorsqu'ils devront être assemblés pour se trouver au rendez-vous général indiqué pour les gardes de l'armée, qui sera, autant qu'on le pourra, au centre de la première ligne.

CCL.

Ces détachemens seront conduits au lieu de l'assemblée par l'Aide-major de piquet de chaque brigade, qui ne les quittera point que les gardes ne soient montées.

CCLI.

Gardes en bataille.

Le Major de brigade de piquet assemblera les gardes, & les

& les mettra en bataille dans l'ordre que les brigades seront campées, en plaçant celles qui seront tirées de la seconde ligne, au centre de celles tirées de la première, à moins que les gardes ne fussent assez nombreuses pour être mises sur deux lignes.

CCLII.

Ordonnances des postes.

LES Soldats d'ordonnance des anciens postes, seront envoyés aux Majors des brigades qui auront fourni ces postes, lesquels auront soin de faire trouver ces Soldats d'ordonnance au lieu où sera la nouvelle garde qui devra relever leur poste, ou à celui du rendez-vous général lorsque les gardes devront s'assembler.

Le Major de brigade de piquet alignera entre eux ces Soldats d'ordonnance, sur un rang qu'il leur fera former en avant, & vis-à-vis chacune des gardes qu'ils auront à conduire.

CCLIII.

Inspection des gardes.

DÈS que les détachemens auront été rangés, & les Soldats d'ordonnance placés, le Major de brigade de piquet fera mettre aux Soldats la bayonnette au bout du fusil, & les fera reposer sur leurs armes.

CCLIV.

L'INSPECTION des gardes ainsi assemblées, sera faite par les Directeurs & Inspecteurs généraux de l'Infanterie, ou par le Major général, outre celles des Officiers généraux de jour, lorsqu'ils jugeront à propos de la faire.

CCLV.

Pour faire défiler les gardes.

APRÈS l'inspection, & lorsque l'Officier général de jour l'ordonnera, le Major général, ou un des Aide-majors généraux en son absence, fera défiler les gardes.

CCLVI.

CHAQUE Capitaine fera le commandement à sa troupe pour marcher; il marchera à la tête, le Lieutenant à la queue, & le Lieutenant en second à la gauche & en arrière du Capitaine.

CCLVII.

Mot de ralliement.

LE Major ou l'Aide-major général qui fera défiler les

gardes, donnera le mot de ralliement au Commandant de chaque poste; & lorsque les gardes ne s'assembleront point, il sera remis ou envoyé par le Major général, aux Majors de brigade, dans autant de billets cachetés qu'il devra y avoir de détachemens postés pour la sûreté de l'armée.

CCLVIII.

Sortie du camp. LES Officiers des détachemens destinés pour les gardes qui seront placées aux environs du camp, observeront, dès qu'ils seront en marche, de faire ôter les tampons de dessus le bassinet des fusils de leur troupe.

CCLIX.

Avant-garde. ILS feront marcher devant eux un Sergent & quelques Fusiliers, qui s'avanceront environ cinquante pas en avant de la troupe; observant de ne la point perdre de vûe, & de faire en sorte qu'ils ne puissent point en être séparés.

CCLX.

LE Soldat d'ordonnance qui conduira la troupe, marchera devant elle, & à l'avant-garde quand il y en aura une.

CCLXI.

Entrée aux postes. LORSQUE la nouvelle garde approchera du poste qu'elle devra relever, la vieille garde s'assemblera au milieu du poste; & après avoir reconnu la nouvelle, elle la laissera entrer dans le poste, ou elle bordera le parapet.

CCLXII.

DANS les lieux qui ne seront point fermés, la nouvelle garde se mettra en bataille à la droite & sur le même alignement de l'ancienne.

CCLXIII.

Prendre la consigne. LES Officiers, Sergens & Caporaux qui devront descendre la garde, donneront exactement la consigne à ceux qui la monteront.

CCLXIV.

Relever les sentinelles. LES Caporaux iront ensuite poser les sentinelles de la nouvelle garde, & relever ceux de l'ancienne.

C C L X V.

PENDANT qu'on relèvera les ſentinelles, le Capitaine qui montera la garde, prendra tous les éclairciſſemens néceſſaires de celui qui la deſcendra.

C C L X V I.

Soldat d'ordonnance.

LORSQUE la vieille garde partira, il enverra avec elle un Soldat intelligent de ſon détachement, qui ira à l'ordonnance chez le Major de ſa brigade; ce Soldat lui apportera les ordres qui pourront ſurvenir, & conduira le lendemain la garde qui devra le relever.

C C L X V I I.

Poſe des premières gardes.

LES premières gardes qui ſeront poſées, à l'arrivée de l'armée, dans un camp, ou celles qui ſeront demandées d'augmentation, ſeront conduites par ceux qui auront été chargés de reconnoître les endroits où elles devront être poſées.

DU SERVICE DES GARDES dans leurs poſtes.

C C L X V I I I.

Leur établiſſement.

A l'arrivée d'une garde à ſon poſte, ſoit qu'elle en relève une autre ou non, le Commandant la diſpoſera comme il voudroit qu'elle fût en cas d'attaque, & aura ſoin que chaque Soldat mette ſon fuſil à ſon poſte.

C C L X I X.

IL fera placer les ſentinelles, ou les changera s'il les trouve mal placés: il ſe fera rendre compte de leur conſigne, & il en augmentera ou diminuera le nombre, ou même les fera doubler en certains endroits, ſoit de jour, ſoit de nuit, ſelon qu'il le jugera néceſſaire.

C C L X X.

IL reconnoîtra les chemins ou débouchés par leſquels l'ennemi pourroit venir à lui, afin d'y mettre, s'il en eſt beſoin, quelques petits poſtes en avant qui ſe retireront la nuit au gros de la troupe.

C C L X X I.

IL fera travailler diligemment les Soldats à retrancher

le poste s'il ne l'est pas suffisamment, & il se servira de tous les moyens praticables pour le mettre en état de défense.

CCLXXII.

Visite des Brigadiers.

LES Brigadiers visiteront les postes qui seront affectés à leur brigade, & donneront leurs soins à ce qu'ils soient mis en état.

CCLXXIII.

ON aura soin à cet effet, que les postes soient, autant qu'il sera possible, toûjours occupés par des détachemens des mêmes brigades.

CCLXXIV.

Reconnoître le chemin des patrouilles.

LE Commandant du poste fera reconnoître pendant le jour, les chemins que ses patrouilles auront à tenir pendant la nuit, & fera faire cette reconnoissance par ceux même qu'il destinera pour faire ces patrouilles.

CCLXXV.

Disposition pour la nuit.

VERS le soir, il expliquera aux Officiers, Sergens & Caporaux qui seront avec lui, les rondes qu'ils auront à faire pendant la nuit, & il en règlera les heures de façon que les sentinelles puissent être visités souvent.

CCLXXVI.

A l'entrée de la nuit il donnera à ses Officiers, Sergens & Caporaux, le mot de ralliement qu'il aura reçû avant de partir du camp.

CCLXXVII.

IL fera mettre les sentinelles d'augmentation pour la nuit, & les fera doubler dans les endroits nécessaires; défendant aux sentinelles doublés de parler ensemble, & leur ordonnant de regarder alternativement chacun de différens côtés.

CCLXXVIII.

IL fera prendre ensuite les armes à son détachement, pour en faire la visite, & instruire encore plus précisément les Soldats, du poste qu'ils devront occuper en cas d'attaque.

CCLXXIX.

IL leur fera garder leurs armes toute la nuit entre leurs

leurs bras, veillant à ce qu'ils ſe tiennent aſſis autour du feu vis-à-vis leur poſte, ſans dormir, & qu'ils couvrent la platine de leur fuſil, pour que la pluie ni la roſée ne puiſſent la mouiller.

CCLXXX.

Il ſera faire des patrouilles pendant la nuit en dehors de ſon poſte, leſquelles ſeront plus ou moins fréquentes ſuivant les circonſtances. *Patrouilles.*

CCLXXXI.

Celui qui ſera chargé de faire la patrouille, prendra avec lui deux hommes à ſon choix, & partira après avoir reçû les ordres de l'Officier qui commandera.

CCLXXXII.

Il obſervera de marcher avec le moins de bruit qu'il ſera poſſible, & de faire halte de temps en temps pour écouter.

CCLXXXIII.

Quelque rencontre qu'il faſſe, il ne tirera jamais que, lorſqu'étant coupé, il ne pourra retourner à ſon poſte pour l'avertir.

CCLXXXIV.

Sa tournée étant finie, il s'arrêtera lorſque le ſentinelle du poſte lui aura crié *halte là ;* & il attendra qu'un Caporal, eſcorté de deux Fuſiliers, vienne le reconnoître & recevoir de lui le mot de ralliement.

CCLXXXV.

Dès qu'il aura été reconnu, on le laiſſera entrer dans le poſte avec ſes Fuſiliers, & il rendra compte au Commandant de ce qu'il aura vû & entendu.

CCLXXXVI.

Pendant que la patrouille ſera dehors, une partie des Soldats du poſte en bordera les retranchemens.

CCLXXXVII.

Dans les poſtes expoſés, où il ſeroit à craindre que le cri des ſentinelles ne les fît découvrir, on leur donnera, de même qu'à ceux qui feront les patrouilles, un ſignal muet dont on ſera convenu.

CCLXXXVIII.

Disposition au point du jour. Au petit point du jour, les Officiers & leurs détachemens borderont le parapet de leur poste, & y resteront jusqu'à ce que la découverte ait été faite.

CCLXXXIX.

Lorsqu'il sera jour, on détachera un Sergent & quatre Fusiliers pour aller faire la découverte.

CCXC.

Le Sergent chargé de cette commission, ira exactement dans tous les endroits qui lui auront été indiqués par son Commandant; & il visitera tous les lieux circonvoisins où l'ennemi auroit pû s'embusquer.

CCXCI.

La découverte étant faite, on relèvera les sentinelles d'augmentation qui auront été posés pendant la nuit.

Les Soldats remettront leurs armes à leur place, & les Sergens les leur feront essuyer.

CCXCII.

Aller au qui vive. Les gardes ordinaires placées pour la sûreté du camp, feront reconnoître exactement les troupes & les personnes qui en approcheront, soit pour entrer dans le camp ou pour en sortir.

CCXCIII.

Dès que les sentinelles apercevront une troupe, ou quatre ou cinq personnes ensemble qui viendront de leur côté, ils avertiront le poste & présenteront les armes.

CCXCIV.

Aussi-tost l'Officier fera prendre les armes aux Soldats de son détachement, leur faisant mettre le fusil sur le bras; & en même temps il enverra reconnoître la troupe par un Sergent & quatre Fusiliers, qui iront se placer près le sentinelle, les armes présentées.

CCXCV.

Lorsque le Sergent sera à portée d'être entendu, il criera *qui vive ;* & après qu'il lui aura été répondu *France,* il demandera quel régiment.

Ayant reconnu la troupe par la seconde réponse qui

lui aura été faite, il détachera un Fusilier pour en aller rendre compte au Commandant du poste; & cependant il fera faire halte à cette troupe, jusqu'à ce que ledit Commandant lui ait envoyé dire de la laisser approcher, ou passer.

C C X C V I.

Le Commandant du poste fera rester son détachement en état, jusqu'à ce que la troupe soit passée & hors de sa vûe; & il fera rendre aux Officiers généraux de jour, & aux Officiers de piquet, les honneurs qui leur sont dûs.

C C X C V I I.

Cas où il ne sera pas rendu d'honneurs.

Lorsqu'il importera de ne point donner connoissance aux ennemis, des postes que les gardes occuperont, & du passage des Officiers généraux qui les visiteront, le Major général aura soin d'avertir par écrit les Officiers qui y seront détachés, de ne point faire rendre les honneurs qui sont différenciés par les diverses batteries de tambour; & lesdits Officiers rendront compte de cet ordre aux Officiers généraux qui passeront à leurs postes.

C C X C V I I I.

Les honneurs rendus par les différentes batteries de tambour, cesseront à la retraite, & ne recommenceront qu'à l'heure marquée pour battre l'assemblée des gardes.

C C X C I X.

Entrée & sortie du camp.

On ne laissera jamais passer aucune troupe, telle qu'elle puisse être, qui se présentera pour entrer au camp pendant la nuit, à moins d'un ordre par écrit du Général de l'armée, ou du Major général; on la fera rester à l'écart jusqu'au jour, & l'on permettra seulement à un Officier d'aller chez le Général lui rendre compte.

C C C.

Les étrangers qui se présenteront pour entrer au camp, & qui mériteront attention, seront conduits au Major général.

C C C I.

Si ce sont des Trompettes ou Tambours venant de

l'armée ennemie, on leur fera bander les yeux avant de les conduire au Major général.

CCCII.

A l'égard des déserteurs, on commencera par les desarmer : si le logement du Major général étoit trop éloigné, ou qu'il n'y eût pas de sûreté à les y conduire, on les fera garder à vûe; on ne les laissera pas même entrer dans le poste, s'ils arrivent en grand nombre, & on les mènera au camp avec le détachement en descendant la garde.

CCCIII.

LES gardes ordinaires qui seront en avant, & sur les flancs du camp, n'en laisseront sortir aucun Soldat, Cavalier ou Dragon; elles arrêteront ceux qui tenteroient de passer au-delà, les enverront au Prevôt, & en donneront avis en même temps au Major général.

CCCIV.

LES gardes postées sur les derrières du camp, observeront la même chose, à l'exception qu'elles laisseront passer les Soldats, Cavaliers ou Dragons qui auront des congés en la forme prescrite par les ordonnances.

CCCV.

ELLES ne causeront les unes ni les autres aucun trouble ni empêchement aux allans & venans pour le commerce & la subsistance du camp, mais au contraire elles leur procureront toute la liberté & la sûreté nécessaires.

CCCVI.

Assiduité au poste. LES Officiers, Sergens & Caporaux resteront assidument à leurs postes pendant tout le temps de leur garde, & y contiendront exactement les Soldats, de manière que nul ne s'en écarte, sous tel prétexte que ce soit.

CCCVII.

TOUT détachement posté pour la sûreté de l'armée, ne changera jamais la position de son poste, & ne le quittera qu'après avoir été relevé par un autre détachement, ou par un ordre écrit, soit du Général, du Major général, ou du Major de brigade; à moins qu'un Officier général

général de jour, le Brigadier, le Colonel ou le Lieutenant-colonel du piquet, ne vienne le déplacer ou le retirer.

CCCVIII.

Consignes particulières.

QUAND il y aura des consignes particulières, ou de nouveaux ordres à donner aux postes, ils ne pourront l'être que par les Officiers généraux de jour & les Officiers de piquet, ou par des billets signés du Major général ou du Major de brigade.

CCCIX.

Nouvelles des ennemis.

LES Commandans des postes écriront & enverront par des exprès, au Major général, toutes les nouvelles qu'ils apprendront des ennemis pendant la durée de leur garde, & qui mériteront attention.

CCCX.

Postes détachés.

LE Lieutenant qui devra être détaché du poste du Capitaine, marchera avec lui jusqu'au poste que le Capitaine devra occuper, où il le quittera pour aller prendre le sien, conduit par un Soldat d'ordonnance.

CCCXI.

LE Lieutenant, avant de quitter le Capitaine, prendra de lui le mot de ralliement, qu'il ne donnera que le soir aux Sergens & Caporaux détachés avec lui.

CCCXII.

IL n'enverra pas d'Ordonnance chez le Major de brigade, mais au poste du Capitaine.

CCCXIII.

IL se conduira pour relever le poste, pour sa sûreté, & pour les autres choses qu'il aura à faire, de la même manière que le Capitaine le devra faire.

CCCXIV.

LORSQU'IL sera relevé, il viendra rejoindre le Capitaine à son poste pour retourner au camp avec lui, sans que l'un ni l'autre puisse s'en retourner séparément.

CCCXV.

Rentrée au camp.

LES Officiers de garde descendront exactement la parade à la tête du camp de leur régiment.

CCCXVI.

Ils y mettront leur détachement en bataille, pour examiner s'il n'y manquera personne; & après lui avoir fait faire demi-tour à droite & présenter les armes, ils le congédieront.

CCCXVII.

Ils iront ensuite rendre compte à leur Brigadier, des hommes qui pourront avoir quitté, & des autres choses qui mériteront attention.

CCCXVIII.

Ils informeront aussi le Major de leur brigade, de ce qui pourroit s'être passé de nouveau; & celui-ci en rendra compte au Major général.

DES SENTINELLES.

CCCXIX.

Heures de faction. Les sentinelles des postes seront relevés de deux heures en deux heures, sans qu'on puisse les laisser plus long-temps en faction.

CCCXX.

Si on campoit dans des temps de grandes gelées, on les relèveroit toutes les heures.

CCCXXI.

Pose des sentinelles. Avant que les sentinelles partent d'un poste, ils seront présentés à celui qui y commandera, lequel les fera mettre en haie, examinera s'ils seront en état, & les verra partir sous la conduite d'un Caporal qui marchera à la tête, les sentinelles le suivant deux à deux.

CCCXXII.

Les sentinelles allant relever, suivront le Caporal, sans pouvoir s'en séparer pour l'aller attendre sur son chemin.

CCCXXIII.

Ceux qui seront relevés, le suivront de même pour revenir au poste; & aucun d'eux ne pourra poser les armes qu'après que le Commandant l'aura vû,

CCCXXIV.

Les ſentinelles, en ſe relevant, ſe préſenteront les armes l'un à l'autre; & ils ſe donneront la conſigne en préſence de leur Caporal qui ſeul les écoutera.

CCCXXV.

Aucun ſentinelle ne ſe laiſſera jamais relever que par les Caporaux de ſon détachement.

CCCXXVI.

Tout Soldat commandé, ſoit pour aller en faction, ſoit pour marcher à l'avant-garde, ſoit pour aller à la découverte ou en patrouille, marchera fuſil ſur le bras, la bayonnette au bout. *Port des armes.*

CCCXXVII.

Les ſentinelles étant aux drapeaux & aux faiſceaux, ceux des poſtes placés pour la ſûreté de l'armée, ceux de la garde du Prevôt, & autres chargés de garder des criminels, & ceux qui ſeront mis à des magaſins, feront leur faction la bayonnette au bout du fuſil qu'ils porteront ſur le bras gauche, & ne préſenteront les armes que lorſqu'il paſſera des troupes à portée d'eux, ou qu'ils croiront devoir ſe mettre en état de défenſe.

CCCXXVIII.

Les ſentinelles placés pour la garde de l'artillerie ou des poudres, feront faction l'épée à la main.

CCCXXIX.

Les ſentinelles des gardes particulières des Princes & des Officiers généraux, faiſant faction devant leur logis, y feront fuſil ſur l'épaule, ſans avoir la bayonnette au bout, de même que tout autre ſentinelle qui ne ſera pas dans le cas des exceptions ci-deſſus.

DES DÉTACHEMENS.

CCCXXX.

Tout détachement ſera formé à la tête de ſon régiment, & de là conduit par un Officier major à la tête *Leur aſſemblée.*

du régiment chef de sa brigade; où le Major de brigade verra s'il ne lui manquera rien de ce qu'il devra avoir en munitions de guerre & en pain, pour le temps qui aura été ordonné, & en outils, dont le tiers des Soldats sera pourvû.

CCCXXXI.

L'OFFICIER major qui sera de piquet en chaque brigade, en conduira les détachemens aux rendez-vous indiqués, où il les remettra au Major de brigade de piquet qui sera chargé d'assembler la totalité des détachemens.

Il lui remettra en même temps les noms des Capitaines détachés; & il ne s'en ira point qu'il n'ait vû partir le détachement de sa brigade.

CCCXXXII.

LORSQU'ON assemblera des détachemens pendant la nuit, chaque Officier major qui conduira les détachemens de sa brigade au rendez-vous, portera au Major de brigade de piquet, l'ordre, ou une copie de l'ordre qui aura été donné pour fournir ce détachement, ou un billet de son Major de brigade, dans lequel le nombre d'hommes que la brigade aura dû fournir, sera marqué.

CCCXXXIII.

Visite du Major de brigade.

LES détachemens étant assemblés, le Major de brigade de piquet visitera s'il ne leur manquera rien de ce qu'ils devront avoir pour le temps qui leur aura été ordonné; & il les mettra en bataille suivant le rang de leurs brigades.

CCCXXXIV.

Rang & commandement des détachemens.

LES détachemens d'Infanterie, de quelque régiment qu'ils soient, marcheront entre eux suivant le rang de la brigade de laquelle ils auront été tirés; mais les Capitaines commanderont suivant l'ancienneté de leur régiment.

CCCXXXV.

SI cependant dans un détachement d'Infanterie, composé de compagnies de Grenadiers & de piquets, il n'y avoit point d'autres Officiers pour le commander que les Capitaines de ce détachement, Sa Majesté veut qu'en ce cas le commandement du détachement appartiendra aux

aux Capitaines de Grenadiers par préférence aux Capitaines de Fusiliers qui seroient d'un régiment plus ancien; sans que dans aucun autre cas, les Capitaines de Grenadiers puissent prétendre d'autre rang ni d'autre commandement que celui qui leur appartient en qualité de Capitaines d'Infanterie.

CCCXXXVI.

LORSQUE le plus ancien d'entre les détachemens se trouvera fourni par un régiment étranger, le plus ancien de ceux qui seront fournis par des régimens françois, le précédera, sans que pour cette raison les Officiers détachés du régiment étranger perdent pour le commandement en campagne, le rang qui leur appartiendra par l'ancienneté dudit régiment.

CCCXXXVII.

L'OFFICIER de grade supérieur, soit d'Infanterie ou de Cavalerie, commandera par-tout à celui d'un grade inférieur.

CCCXXXVIII.

EN parité de grade, l'Officier d'Infanterie commandera dans les lieux fermés, par préférence à celui de Cavalerie; & lorsqu'ils se trouveront ensemble en campagne, ou dans des lieux ouverts, l'Officier de Cavalerie prendra le commandement par préférence à celui d'Infanterie.

CCCXXXIX.

DANS les détachemens mêlés d'Infanterie & de Dragons à pied, les Officiers d'Infanterie commanderont, à grade égal, à ceux de Dragons; bien entendu que dans les détachemens où les Dragons serviront à cheval, leurs Officiers, à grade égal, commanderont en campagne à ceux d'Infanterie.

CCCXL.

TOUT Officier d'Infanterie, de Cavalerie ou de Dragons, qui aura été nommé à l'ordre de l'armée pour commander un détachement composé d'Infanterie & de Cavalerie, ou de Dragons, le commandera pendant tout le temps que ce détachement sera hors du camp, & dans quelque lieu qu'il se trouve.

CCCXLI.

LORSQUE l'Officier nommé à l'ordre pour commander un détachement composé d'Infanterie & de Cavalerie, ou de Dragons, sera tué, ou qu'il se trouvera hors d'état de suivre le détachement, si les plus anciens Officiers de ces différens corps, qui auront marché avec lui, se trouvent de même grade, le commandement du détachement appartiendra à l'Officier d'Infanterie, de Cavalerie ou de Dragons, suivant la circonstance des lieux, ainsi qu'il est expliqué ci-dessus, & passera de l'un à l'autre à mesure que le détachement entrera dans un poste fermé, ou qu'il en sortira.

CCCXLII.

TOUT détachement qui se trouvera dans le cas de se mettre à couvert dans un lieu où il trouvera d'autres troupes établies pour la garde dudit lieu, soit que l'Officier qui le commandera ait été nommé à l'ordre ou non, sera aux ordres de celui qui commandera ledit poste, pendant tout le temps que ledit Commandant du détachement jugera à propos de l'y faire rester, quand même le Commandant dudit poste seroit inférieur en grade au Commandant du détachement; & le Commandant du poste ne pourra y retenir le détachement, ni l'arrêter plus long-temps, sous quelque prétexte que ce soit.

CCCXLIII.

SI plusieurs détachemens se rencontrent ensemble dans un lieu fermé où il n'y aura point d'autre troupe établie, le commandement sera réglé entre eux pour tout le temps qu'ils seront ensemble, comme s'ils n'étoient qu'un seul & même détachement, sans néanmoins que le Commandant d'un détachement puisse empêcher l'autre de suivre ses ordres & sa destination.

CCCXLIV.

Escortes des convois d'artillerie.

LES Colonels & autres Officiers des troupes d'Infanterie qui seront commandés ou détachés pour escorter l'artillerie, reconnoîtront l'Officier d'Artillerie qui la commandera, telle charge qu'il puisse avoir, & feront tout ce qu'il leur demandera, ſoit pour l'heure du départ, ſoit pour l'ordre de la marche des voitures du convoi, les haltes, & la diſpoſition du parc & des ſentinelles qui devront le garder; mais pour ce qui regarde la défenſe du convoi, & les précautions à prendre pour le cas où il feroit attaqué, le Commandant des troupes de l'eſcorte en ſera chargé perſonnellement.

CCCXLV.

LES troupes qui ſerviront d'eſcorte à un convoi d'Artillerie, fourniront un Soldat d'ordonnance au logis ou à la tente de l'Officier d'Artillerie commandant ledit convoi; & ſi cet Officier eſt Lieutenant d'artillerie ou d'un grade ſupérieur, il aura de plus un ſentinelle à ſa porte.

CCCXLVI.

Mot de ralliement.

TOUT Officier qui commandera un détachement ſortant du camp pour aller aux ennemis, donnera un mot de ralliement à ſa troupe; & même, s'il en eſt beſoin, un rendez-vous pour la raſſembler.

CCCXLVII.

Détachemens particuliers.

LE Commandant d'un détachement pourra choiſir l'Officier qu'il lui plaira pour commander les coureurs ou un détachement particulier.

CCCXLVIII.

Pluſieurs Capitaines au même détachement.

S'IL y a pluſieurs Capitaines à un même détachement, chacun d'eux demeurera à la tête de ſon détachement.

CCCXLIX.

Retour des détachemens.

QUAND, au retour d'un détachement, il ſe trouvera à la vûe du camp & en dedans des gardes ordinaires, l'Officier qui le commandera fera faire halte à ſon avant-garde, & mettra les troupes en bataille à meſure qu'elles arriveront, faiſant face en dehors du camp.

CCCL.

LORSQUE ſon arrière-garde l'aura joint, il fera défiler devant lui chaque troupe, & les enverra à leur camp.

CCCLI.

IL examinera, avant de les faire défiler, s'il ne manquera

perſonne; & s'il trouve quelqu'un chargé de maraude, il le fera conduire au Prevôt.

CCCLII.

APRÈS avoir fait l'arrière-garde de tout le détachement, il ira rendre compte au Général de l'armée.

CCCLIII.

SI le détachement eſt chargé d'eſcorter quelque convoi, il ne ſéparera point ſes troupes que tout le convoi ne ſoit entré dans le camp.

CCCLIV.

LES détachemens de chaque régiment ne ſe ſépareront qu'à la tête de leur régiment, & il ne ſera permis à aucun Soldat de quitter plus tôt ſa troupe.

CCCLV.

LES Officiers qui auront commandé des détachemens, en rendront compte à leur retour à leur Brigadier & à leur Colonel, s'ils ſont au camp; & en leur abſence, au Commandant de leur régiment.

CCCLVI.

ILS informeront auſſi le Major de brigade de ce qui ſe ſera paſſé, pour qu'il puiſſe en rendre compte au Major général.

CCCLVII.

Compagnies de Grenadiers.

LES compagnies de Grenadiers commandées, ſeront ſujettes à l'inſpection comme les détachemens: elles ſe rendront pour cet effet à la tête du régiment chef de brigade; & de là au rendez-vous général, & elles marcheront entre elles ſuivant le rang de leurs régimens.

DES MARCHES.

CCCLVIII.

Ordre des batteries.

ON commencera par battre la Générale quand toute l'Infanterie de l'armée devra marcher ou prendre les armes.

CCCLIX.

AU lieu de la Générale on battra aux champs en premier lieu,

lieu, quand il n'y aura qu'une partie de l'Infanterie qui devra marcher.

CCCLX.

SOIT que l'Infanterie marche en tout ou en partie, les Tambours battront l'assemblée en second lieu, le drapeau en troisième, & la marche en quatrième.

CCCLXI.

DÈS que l'ordre aura été donné pour marcher, les Majors de brigade avertiront les Officiers détachés, de ce qui aura été ordonné pour eux. *Avis aux Officiers détachés.*

CCCLXII.

LORSQU'ON battra la Générale ou le Premier pour décamper, les Officiers de piquet des régimens qui devront marcher, monteront à cheval, ils se partageront à la tête, à la queue & sur les flancs du camp de chaque bataillon; & ils feront poser des sentinelles d'augmentation où ils les jugeront nécessaires, afin d'empêcher les Soldats de sortir du camp. *Générale ou Premier.*

CCCLXIII.

LES Sergens & Caporaux feront détendre le camp, plier les tentes, & préparer les Soldats.

CCCLXIV.

LES vieilles gardes des Officiers généraux se retireront, & rentreront dans les régimens dont elles seront, pour marcher avec eux; & les nouvelles marcheront avec les campemens, à moins qu'il ne soit ordonné de différer de les commander jusqu'à l'arrivée au nouveau camp.

CCCLXV.

AUSSI-TOST après la Générale, ou à telle autre heure qu'il sera ordonné, on fera conduire les convalescens au lieu qui aura été indiqué.

CCCLXVI.

LES nouvelles gardes & campemens se trouveront à l'heure précise au rendez-vous indiqué.

CCCLXVII.

LES Officiers supérieurs de piquet s'y trouveront pareillement, marcheront avec les nouvelles gardes, &

s'emploieront, ſous les ordres du Maréchal-de-camp de jour, à tout ce qui ſera relatif à l'établiſſement dans le nouveau camp.

Le Major de brigade de piquet s'y rendra auſſi, & rangera les nouvelles gardes & campemens dans le même ordre que l'armée ſera campée.

CCCLXVIII.

LES Officiers qui commanderont les gardes ordinaires, marchant avec les campemens, feront arrêter les Soldats, Cavaliers, Dragons & autres qui s'y ſeront joints ſans être commandés, & ils les feront attacher & conduire à la garde du Prevôt, comme maraudeurs.

CCCLXIX.

LA nouvelle garde du Prevôt marchera avec les campemens: elle ſe tiendra à la tête du nouveau camp juſqu'à l'arrivée de l'armée; elle ira alors au quartier général relever l'ancienne garde, & elle y conduira les priſonniers qui lui auront été remis.

CCCLXX.

LE nouveau Major de brigade de piquet ſuivra le Maréchal-de-camp de jour, & les autres Officiers principaux de piquet, lorſqu'ils ſe mettront en marche pour aller au nouveau camp.

CCCLXXI.

A meſure que le Maréchal-de-camp de jour poſtera chaque garde, un des Aide-majors généraux, ou à leur défaut, le Major de brigade de piquet, prendra note du lieu où elle ſera poſtée, & de la brigade dont elle ſera, obſervant ſi elle devra ſe retrancher; & il remettra au Maréchal-de-camp & au Major général, un état des gardes, où toutes ces choſes ſeront ſpécifiées.

CCCLXXII.

LE Major de brigade ſortant de piquet, aſſemblera les détachemens qui ſeront commandés, ſoit pour eſcorter les équipages, ſoit pour faire l'arrière-garde, ou pour toute autre commiſſion.

CCCLXXIII.

Il rassemblera aussi les vieilles gardes, qui n'ayant pas rejoint leurs corps devront faire l'arrière-garde ou en composer une partie.

CCCLXXIV.

A l'assemblée, tous les Officiers se trouveront à la tête de leur compagnie, pour contenir les Soldats & empêcher qu'ils ne s'écartent. *Assemblée.*

CCCLXXV.

Les Sergens & Caporaux tiendront la main à ce que chaque Soldat rassemble tout son équipage & ses outils, armemens, tentes, marmites & autres ustensiles; & ils empêcheront qu'il y ait de dispute entre eux pour les porter.

Ils leur feront éteindre exactement les feux, & empêcheront qu'ils ne brûlent la paille du camp, à quoi les Commandans des corps veilleront pareillement.

CCCLXXVI.

Les Officiers & Sergens mettront ensuite leurs compagnies en haie dans les grandes rues du camp, sans déborder le front de bandière; & les Sergens marqueront les rangs qu'elles devront former.

CCCLXXVII.

Lorsqu'on battra aux drapeaux, les Soldats prendront les armes, & les Caporaux se chargeront des faisceaux & manteaux d'armes. *Aux drapeaux.*

CCCLXXVIII.

Les Officiers de piquet ne quitteront point le camp, que tous les Soldats n'en soient sortis.

CCCLXXIX.

Quand le régiment chef de brigade fera former ses bataillons, les Majors des autres régimens de la brigade en feront de même, & la brigade marchera ensemble à la même hauteur.

CCCLXXX.

Le Major de chaque brigade qui devra marcher à la tête d'une colonne, saura de l'Officier général qui la *Formation des colonnes.*

conduira, par quelles divisions il ordonnera de faire rompre les bataillons pour les mettre en colonne; & cet ordre étant donné, les Majors s'avertiront diligemment d'un régiment à l'autre.

CCCLXXXI.

SOIT que les brigades marchent par leur droite ou par leur gauche, elles marcheront toûjours dans le même ordre qu'elles seront campées.

CCCLXXXII.

DÈS que la brigade qui devra avoir la tête de la colonne, fera rompre ses bataillons pour se mettre en colonne, les autres brigades se rompront de même & en même temps, afin que la ligne se déploie à la fois.

CCCLXXXIII.

LORSQUE plusieurs brigades marcheront ensemble pendant quelques jours, & qu'il ne s'agira que de faire route, elles feront alternativement l'avant-garde & l'arrière-garde.

CCCLXXXIV.

Grenadiers & piquets.

LA compagnie de Grenadiers & le piquet feront toûjours deux pelotons séparés, l'un à la tête, l'autre à la queue de chaque bataillon en colonne.

CCCLXXXV.

LES Officiers qui seront les premiers à marcher, se tiendront à portée du piquet, pour pouvoir se mettre à sa tête s'il étoit commandé pour quelque garde ou détachement; & en ce cas, leur détachement sera censé fait, s'ils ne rentrent pas au camp avec leur colonne.

CCCLXXXVI.

Travailleurs.

LORSQU'IL n'aura point été commandé de travailleurs pour marcher à la tête des colonnes, la brigade qui y sera, en fournira le nombre nécessaire pour les besoins imprévûs.

CCCLXXXVII.

IL y aura de plus à la tête de chacune des autres brigades, cinquante travailleurs destinés à réparer les chemins qui auront été gâtés par le passage de celles qui les précéderont.

CCCLXXXVIII.

CCCLXXXVIII.

Les Capitaines se tiendront pendant toute la marche, à la tête de leur compagnie ou division, les Lieutenans à la queue, & les Sergens sur les aîles des rangs : ils seront tous également responsables des Soldats de leurs compagnies qni pourroient s'écarter.

Place des Officiers pendant la marche.

CCCLXXXIX.

Les Lieutenans remplaceront les Capitaines qui manqueront ; les Sergens remplaceront les Lieutenans, & les Caporaux remplaceront les Sergens.

CCCXC.

Aucun Officier ne quittera sa division sans la permission du Commandant du régiment dont il sera.

CCCXCI.

On nommera, s'il en est besoin, quelques Officiers pour marcher sur les aîles.

CCCXCII.

Le Commandant de chaque bataillon le verra défiler, comptera les Soldats par compagnie, & s'arrêtera de temps en temps pour renouveler cet examen.

CCCXCIII.

Les Officiers majors se promèneront de la tête à la queue de leurs régimens, pour examiner si les Officiers seront à leur place & feront leur devoir, & si les Soldats marcheront bien ; & ils en rendront compte au Commandant de leurs régimens.

Ils compteront les troupes pendant la marche, & donneront au Major général un état des hommes qui se seront écartés.

CCCXCIV.

Les Soldats se tiendront dans leurs rangs, sans pouvoir s'écarter à droite ni à gauche de la colonne.

Soldats à leurs rangs.

CCCXCV.

On obligera ceux qui auront des besoins, de laisser leur fusil à leurs camarades ; & un Sergent ou un Caporal restera avec eux pour les faire rejoindre diligemment.

CCCXCVI.

Valets. Les Officiers pourront se faire suivre dans les marches, par leurs valets à cheval, qui en ce cas se tiendront près de leurs maîtres dans les divisions, sans que sous ce prétexte aucun Officier puisse y avoir aucun cheval de bât, ou autre bête d'équipage.

CCCXCVII.

Passage dans les villages. En passant dans les villages, on y laissera de bataillon en bataillon des Officiers & Sergens, pour faire serrer, & empêcher qu'aucun Soldat ne s'y arrête.

CCCXCVIII.

Soldats écartés. Si quelque Soldat écarté fait du desordre, on enverra des Officiers pour l'arrêter.

CCCXCIX.

Si un Soldat est rencontré hors de la marche de l'armée, sans que son Capitaine ait averti le Commandant du régiment, & celui-ci le Brigadier, celui de ces Officiers qui y aura manqué, sera responsable en son propre & privé nom, du desordre que le Soldat aura fait.

CD.

Les Officiers, de tel corps qu'ils puissent être, feront arrêter tout Soldat qui ne sera pas à sa troupe, quand même son régiment seroit dans la colonne ; & ils le feront conduire à son régiment lorsque l'on sera arrivé au nouveau camp.

CDI.

Main-forte au Prevôt. Les Commandans des régimens donneront main-forte au Prevôt, s'ils en sont requis, & ils concourront avec lui pour empêcher le desordre.

CDII.

Défense de tirer. Ils empêcheront que personne ne tire en marche, & feront arrêter les Soldats qui auront tiré ; lesquels seront mis pendant huit jours au piquet à la tête du camp.

CDIII.

Voitures. Ils ne souffriront dans les colonnes des troupes, sous tel prétexte que ce puisse être, ni chaise, ni carrosse, ni aucune autre espèce de voiture à roue.

CDIV.

Ils empêcheront que personne ne crie ni *halte*, ni *marche*, & qu'on ne fasse passer aucune parole. *Cris.*

CDV.

Si les troupes de la queue d'une colonne ne peuvent suivre la tête, ou qu'il leur arrive quelque accident qui les oblige à s'arrêter, le Tambour qui marchera à la tête du bataillon demeuré en arrière, appellera; les autres Tambours appelleront de bataillon en bataillon jusqu'à la tête qui fera halte, en attendant que le même Tambour qui aura commencé à appeler, batte aux champs; & cependant le Commandant du bataillon qui sera arrêté, enverra un Officier à l'Officier général chargé de la conduite de la colonne, pour l'avertir de ce qui sera arrivé. *Haltes.*

CDVI.

Lorsque les Princes du sang ou légitimés, les Maréchaux de France, & le Commandant de l'armée, quand même il ne seroit pas Maréchal de France, passeront le long d'une colonne qui sera en marche, les Soldats sans s'arrêter, porteront leur fusil sur l'épaule, & les Tambours battront aux champs. *Passage des Princes & Maréchaux de France, & du Commandant de l'armée.*

Si la colonne est en halte, les bataillons se mettront en bataille.

CDVII.

Les bataillons en arrivant au nouveau camp, se formeront en bataille à la tête du terrein qui leur sera destiné. *Arrivée au nouveau camp.*

Ils n'y entreront que lorsque toute la brigade sera arrivée, & que le Brigadier l'ordonnera.

CDVIII.

Toutes les fois que l'on battra la Générale, sans qu'elle ait été ordonnée d'avance, les Majors de brigade se rendront promptement auprès du Major général, afin de recevoir les ordres qu'il aura à leur distribuer. *Générale imprévûe.*

CDIX.

Le campement, en ce cas, se tiendra prêt & assemblé à la tête de chaque brigade, jusqu'à ce qu'on le demande; & l'on disposera les Travailleurs, pour marcher à la tête des brigades.

DES E'QUIPAGES.

CDX.

Voitures. TOUTES voitures à deux roues, à l'exception des chaiſes, ſeront ſupprimées dans les armées; & on ne s'y ſervira que de chariots à quatre roues avec un timon; leſquels ſeront tirés au moins par quatre bons chevaux, attelés deux à deux.

CDXI.

LES ſeuls Officiers généraux pourront avoir, dans les armées, une berline ou une chaiſe.

CDXII.

CEUX des Brigadiers, Colonels, Lieutenant-colonels ou autres anciens Officiers, qui pourroient avoir beſoin d'une chaiſe, en demanderont la permiſſion, que le Commandant de l'armée leur donnera par écrit, s'il le juge à propos.

CDXIII.

LES Chirurgiens majors des régimens pourront avoir chacun une chaiſe.

CDXIV.

AUCUN Officier ne pourra ſe ſervir, ſous quelque prétexte que ce puiſſe être, pour conduire ſon équipage, ou pour ſon uſage particulier, d'aucune voiture, cheval ou mulet des équipages de l'Artillerie ou des Vivres.

CDXV.

IL leur ſera également défendu de ſe ſervir des voitures & chevaux du pays, ſans un ordre par écrit du Commandant de l'armée.

CDXVI.

CHAQUE bataillon pourra avoir un Vivandier, avec un chariot; les autres Vivandiers n'auront que des chevaux de bât.

CDXVII.

CHAQUE régiment d'Infanterie pourra avoir un Boulanger, avec un chariot.

CDXVIII.

LES Officiers des régimens ne pourront ſubſtituer des chariots, à la place de ceux des Vivandiers & Boulangers qu'ils n'auroient pas à leur ſuite.

CDXIX.

Nombre des chevaux.

LES Brigadiers & les Colonels ne pourront avoir plus de ſeize chevaux d'équipages, y compris l'attelage d'une voiture à quatre roues ſeulement.

CDXX.

LES Lieutenant-colonels, Capitaines & autres Officiers, ne pourront avoir un plus grand nombre de chevaux de monture ou de bât, que celui pour lequel ils reçoivent des fourrages, quand Sa Majeſté leur en fait donner.

CDXXI.

Compte du Major à l'Inſpecteur.

LES Majors des régimens qui entreront en campagne, rendront un compte exact à ceux des Inſpecteurs généraux qui verront leſdits régimens, de ce que chaque Officier du corps aura d'équipage, & de leur eſpèce; Sa Majeſté chargeant leſdits Inſpecteurs, de tenir la main à l'exécution de ce qui eſt ci-deſſus preſcrit.

CDXXII.

Ordre de marche des équipages du quartier général & des Officiers généraux.

L'ORDRE dans lequel devront marcher les équipages du quartier général, ſera remis au Vaguemeſtre général, qui les fera aſſembler les jours de marche dans le lieu indiqué, les y fera mettre chacun à ſon rang, & les conduira enſuite ou les fera conduire par un de ſes Aides.

CDXXIII.

LES équipages des Officiers généraux marcheront, ſuivant le rang deſdits Officiers généraux, à la tête des équipages des troupes de leurs diviſions.

CDXXIV.

QUI que ce ſoit ne donnera une eſcorte armée à ſon équipage, & n'enverra avec lui aucun Soldat : ſi quelqu'un y contrevient, le Major du corps dont ſera l'eſcorte, en rendra compte au Major général.

CDXXV.

PERMET cependant Sa Majeſté aux Officiers généraux,

dans le cas où leurs nouvelles gardes ne marcheront pas avec les campemens, de garder deux hommes de leur ancienne garde avec leurs équipages, dont un restera au nouveau logement pour les garder, & l'autre ira au camp chercher la nouvelle garde.

CDXXVI.

Vaguemestres. CHAQUE Brigadier choisira entre les Sergens de sa brigade celui qu'il jugera le plus capable d'en être Vaguemestre, & il lui sera donné trois livres par jour de marche.

CDXXVII.

IL sera choisi de même par le Colonel dans chaque régiment, un Sergent pour être Vaguemestre particulier du corps; lequel recevra les ordres du Vaguemestre de brigade, & sera payé à raison de vingt sols par chaque jour de marche.

CDXXVIII.

CES Vaguemestres seront envoyés au Vaguemestre général de l'armée, pour être par lui inscrits sur l'état qu'il en devra tenir; savoir, ceux des régimens, du jour de l'arrivée de leur régiment au camp, & ceux des brigades, du jour que leurs brigades auront été formées.

CDXXIX.

ILS seront payés sur les certificats du Vaguemestre général, visés du Maréchal général des logis de l'armée.

CDXXX.

LA veille de chaque jour de marche, les Vaguemestres de brigade iront recevoir l'ordre du Vaguemestre général, & ils le donneront ensuite aux Vaguemestres des régimens.

CDXXXI.

CHAQUE Vaguemestre particulier de régiment, en fera charger & atteler les équipages à l'heure qui lui aura été prescrite par son Vaguemestre de brigade; & il les conduira lui-même au lieu ordonné, à la tête ou à la queue de la brigade.

CDXXXII.

LES Vaguemestres des regimens ne souffriront point qu'aucun bagage se mette en marche, que le Vaguemestre de la brigade ne ſoit venu l'ordonner ; ce que les Vaguemeſtres de brigade ne feront point, que le Vaguemeſtre général ne leur en ait envoyé l'ordre.

CDXXXIII.

LES Vaguemeſtres feront arrêter tout charretier & conducteur de bagages, qui ſe ſera mis en marche avant l'heure ordonnée.

CDXXXIV.

IL y aura à chaque régiment un fanion, qui ſera porté par un des valets que le Major choiſira, ſur lequel fanion le nom du régiment ſera écrit. *Fanions.*

CDXXXV.

LORSQUE le Vaguemeſtre de brigade aura reçû l'ordre pour marcher, il fera mettre en marche le bagage de chaque régiment, ſuivant le rang que ledit régiment tiendra dans la brigade. *Marche des bagages des régimens.*

CDXXXVI.

LES Vaguemeſtres des régimens diſpoſeront les équipages de chaque bataillon, ſuivant l'ordre qui leur aura été donné par le Major du corps.

CDXXXVII.

LE bagage du Brigadier marchera à la tête des équipages de la brigade, & devant ceux des régimens qui la composeront.

CDXXXVIII.

LE Vaguemeſtre de chaque brigade en conduira les équipages pendant la marche, en ſuivant exactement les guides qui conduiront la colonne, & ſans les devancer.

CDXXXIX.

IL fera arrêter tous les valets qui voudroient paſſer devant le fanion de leur régiment.

CDXL.

IL veillera à ce que chaque Vaguemeſtre particulier faſſe ſon devoir, & à ce que l'ordre ſoit ponctuellement exécuté.

CDXLI.

CHACUN des Vaguemeſtres particuliers des régimens, ſera aſſidu pendant la marche, auprès des bagages de ſon régiment, & tiendra la main à les faire avancer, & suivre dans le rang où il les aura mis.

CDXLII.

Escortes des équipages

Il sera commandé un détachement pour escorter chaque colonne d'équipage ; & l'Officier qui la commandera, devant être instruit de l'ordre de la marche, aura soin de faire observer exactement ce qui aura été ordonné, & de faire arrêter qui que ce soit qui voudra croiser la file.

CDXLIII.

Places des valets & Vivandiers.

Les valets se tiendront, dans les marches, à l'équipage de leur maître ; & les Vivandiers, dans le rang où ils devront être, sans s'écarter ni à droite ni à gauche.

CDXLIV.

E'quipages qui perdent la file.

Les équipages qui se seront arrêtés pour quelque cause que ce soit, ne pourront reprendre la file qu'à la queue des équipages de leur bataillon, de leur régiment ou de leur brigade ; & si ceux de leur brigade étoient passés avant qu'ils fussent en état de marcher, ils seront obligés d'attendre que tous les équipages de la colonne soient passés pour en prendre la queue.

CDXLV.

Défense de couper la file.

Aucun charretier ni conducteur de bagages, ne coupera ni devancera l'équipage qui le précédera, à moins que celui-ci ne puisse pas suivre la colonne.

CDXLVI.

Tous ceux qui contreviendront à ce qui est prescrit ci-dessus pour l'ordre de la marche des bagages, seront punis suivant la rigueur des Ordonnances.

DES FOURRAGES.

CDXLVII.

Fourrages particuliers défendus.

Nul ne pourra, sous tel prétexte que ce soit, fourrager furtivement & en particulier ; mais seulement dans les fourrages qui seront ordonnés pour la partie de l'armée à laquelle il sera attaché.

CDXLVIII.

CDXLVIII.

LORSQU'IL y aura un fourrage commandé, on fera, dès la veille au soir, entourer le camp de chaque bataillon, de sentinelles qui n'en laisseront sortir aucun Soldat ni domestique, sans la permission du Capitaine de piquet.

Précautions pour empêcher qu'on ne sorte du camp.

CDXLIX.

LES Officiers de piquet monteront à cheval au point du jour, & se promèneront autour du camp pour voir si les sentinelles feront leur devoir.

CDL.

AVANT que les fourrageurs partent du camp, le Vaguemestre de chaque régiment verra si aucun d'eux ne sera parti avant l'heure marquée; & en rendra compte au Major, qui les fera arrêter au retour.

CDLI.

ON commandera toûjours un Capitaine par brigade, & un Officier par bataillon, pour conduire les fourrageurs.

Officiers commandés.

CDLII.

CES Officiers rassembleront les fourrageurs de la brigade, au temps marqué, & les conduiront de là dans l'ordre qui aura été réglé, jusqu'au lieu où l'on devra fourrager.

Départ pour le fourrage.

CDLIII.

LES Officiers nommés pour conduire les fourrageurs d'un régiment, empêcheront qu'il ne se mêle avec eux aucun Cavalier, Dragon ou valet d'un autre régiment.

CDLIV.

LES Officiers qui seront détachés pour l'escorte des fourrages, ne pourront mener leurs fourrageurs avec eux, & ils n'en souffriront aucun à la suite de leur détachement.

Défenses.

Ils empêcheront les Cavaliers, Dragons, Soldats, valets & Vivandiers, de s'écarter hors de l'enceinte ordonnée pour lesdits fourrages.

CDLV.

LES Officiers commandés, tant pour l'escorte que pour la conduite des fourrageurs, tiendront la main à ce qu'ils n'entrent dans aucun lieu où il y aura des sauvegardes,

& qu'on ne fourrage aucun Château, Eglise, Abbaye ou Maison religieuse, sans un ordre exprès du Général, à moins qu'ils ne se trouvent enclavés dans l'enceinte ordonnée pour le fourrage de l'armée.

C D L V I.

ILS veilleront aussi à ce qu'on ne mette le feu à aucun endroit, & qu'on ne prenne aucune chose dans les lieux où il sera permis d'aller fourrager, que le simple fourrage; à peine de répondre du desordre, & d'en payer le dommage.

C D L V I I.

TOUT fourrageur qui sera trouvé revenant du fourrage, lorsqu'on y conduira les autres, qui se séparera de ceux de son régiment, ou qui contreviendra, en quelqu'autre chose que ce soit, à ce qui est prescrit, sera arrêté & conduit au Prevôt.

C D L V I I I.

Exercices. L'INFANTERIE prendra les armes les jours de fourrage, pour faire l'exercice.

L'on fera l'appel des compagnies, lorsqu'elles seront sous les armes; & les Majors de brigade rendront compte au Major général, de ceux qui manqueront.

C D L I X.

Légumes. ON mènera l'Infanterie aux légumes, lorsque le Général le jugera à propos: & pour cet effet, on commandera un nombre d'hommes par chambrée, avec des gens armés, que les Brigadiers & Colonels des brigades conduiront sur le terrein qui aura été reconnu, autour duquel on fera une espèce de chaîne de gens armés, qui ne laisseront passer personne au delà.

C D L X.

LES Soldats ayant eu le temps de rassembler & d'éplucher les légumes, seront ramenés au camp en bon ordre; & on ne souffrira point qu'aucun d'eux reste derrière, ni qu'il y retourne.

DES DISTRIBUTIONS.

CDLXI.

Lorsqu'il y aura des diſtributions à faire, les Soldats y ſeront conduits en bon ordre, par des Officiers commandés à cet effet. *Officiers commandés.*

CDLXII.

On commandera au moins un Officier par bataillon, pour chaque diſtribution.

CDLXIII.

Il ſe trouvera de plus aux diſtributions, un Officier major par régiment, pour les faire faire en règle, & donner des reçûs de la fourniture qui aura été faite.

CDLXIV.

Il s'y trouvera auſſi un Commiſſaire des guerres, prépoſé par l'Intendant de l'armée, pour régler, de concert avec l'Officier major, les difficultés qui pourroient ſurvenir: Sa Majeſté défendant expreſſément aux Officiers chargés de ces détails, de ſe faire juſtice eux-mêmes. *Commiſſaires.*

CDLXV.

S'il arrive pendant la diſtribution, des difficultés que le Commiſſaire des guerres & les Officiers majors ne puiſſent pas décider par eux-mêmes, le Commiſſaire en rendra compte à l'Intendant; & les Officiers majors, auſſi-tôt après leur retour au camp, en informeront le Major de leur brigade, qui en rendra compte ſur le champ au Major général. *Difficultés entre eux.*

CDLXVI.

Les Officiers chargés de faire faire les diſtributions, ne s'y préſenteront qu'avec un état exact du nombre des rations qu'ils auront à demander pour chaque compagnie. *Formalités à obſerver.*

CDLXVII.

Ils ſe rendront d'abord où le Commis principal tiendra le bureau; & il leur donnera des Commis particuliers pour conduire chacun d'eux, avec ſa troupe, au lieu où la diſtribution devra lui être faite.

CDLXVIII.

Reçûs. Il sera fait mention sur les reçûs, des quantités qui auront été délivrées pour chaque compagnie.

CDLXIX.

Le même ordre s'observera à toutes les distributions, de quelqu'espèce qu'elles puissent être : & ce seront toûjours les mêmes Officiers, autant qu'il sera possible, qui seront chargés de la même espèce de distributions.

CDLXX.

Détachemens. Lorsqu'il sera fait des distributions particulières à des détachemens, l'Officier ou Sergent qui en aura donné son reçû, sera obligé d'en rendre compte, à son retour au camp; afin que l'Officier chargé du détail, puisse l'enregistrer, & connoître sur qui la retenue en devra être faite, lorsqu'elle sera ordonnée.

DES PARTIS.

CDLXXI.

Passeports du Général. Nul parti ne pourra sortir de l'armée qu'avec un passeport du Général, signé de lui & cacheté de ses armes.

CDLXXII.

Nombre d'hommes. Les partis ne pourront être d'un moindre nombre d'hommes que de celui qui sera stipulé par les cartels, lorsqu'il y en aura d'établis entre les Puissances belligérantes; auxquels cartels les conducteurs des partis seront tenus de se conformer.

CDLXXIII.

Vente des prises. Les effets pris par les partis qui auront été détachés d'une armée, ne pourront être vendus qu'à ladite armée, après que la prise en aura été jugée bonne.

CDLXXIV.

Si cependant le parti, ne pouvant revenir à l'armée, est obligé de se jeter dans une place, la prise pourra y être vendue à l'encan par le Major de la place, après qu'il en aura été dressé procès verbal, & qu'elle aura été jugée bonne; & en ce cas, le Commandant du parti en

rapportera

rapportera un état détaillé & certifié du Major de ladite place.

CDLXXV.

Les Partiſans, à leur retour au camp, s'adreſſeront au Major général, & lui préſenteront leur priſe.

CDLXXVI.

Ceux qui auront vendu dans le plat pays les effets prétendus pris ſur les ennemis, ſeront réputés voleurs, & punis comme tels; & les particuliers qui auront reçû ou acheté ces effets, ſeront punis comme receleurs.

CDLXXVII.

Lorsque le Commandant du parti, & les Soldats qui le composeront, ſeront de la même brigade, la priſe ſera vendue à la tête de la brigade, & la vente faite par le Major de ladite brigade.

CDLXXVIII.

Si tout le parti eſt d'un même régiment, la vente ſera faite à la tête de ce régiment, par le Major particulier du corps.

CDLXXIX.

Si le Commandant du parti eſt tout ſeul de ſon corps, & que les Soldats ſoient d'un même régiment ou d'une même brigade, la vente ſe fera à la tête du régiment ou de la brigade dont ſeront les Soldats.

CDLXXX.

Quand un Officier, ayant paſſeport, aura pris des Soldats volontaires de différentes brigades, la vente ſe fera à la tête, & par le Major du régiment dont ſera l'Officier.

CDLXXXI.

Si le Partiſan qui aura pris ſur ſon paſſeport des Soldats volontaires de différentes brigades, n'eſt point Officier dans l'armée, la vente ſe fera au quartier général.

CDLXXXII.

Dans tous les cas ci-deſſus, les ventes pourront ſe faire au quartier général, par l'ordre ou avec la permiſſion du Général de l'armée, s'il juge qu'elles y ſoient plus avantageuſement faites ou ſi le Commandant du parti le préfère; auquel cas il s'adressera au Major général pour le demander.

CDLXXXIII.

Retenue sur le produit de la vente.

On ne sera d'autre retenue sur la vente, que celle du sol pour livre au profit du Major qui l'aura faite, lequel sera obligé de payer le Tambour, & de tenir un état des effets vendus, & de leur produit.

CDLXXXIV.

Partage.

Chaque prise sera partagée comme il suit, entre les Officiers & Soldats du parti qui l'aura faite.

CDLXXXV.

Le Partisan conducteur du parti, de quelque grade qu'il soit, prendra toûjours six parts comme chef; s'il est Capitaine, il en prendra encore six autres en cette qualité, quatre s'il est Lieutenant ou Sous-lieutenant, deux s'il est Sergent, & une s'il est simple Soldat.

CDLXXXVI.

Si le Partisan n'avoit point d'emploi dans l'armée, & qu'y étant venu d'ailleurs on lui eût donné un passeport avec des Soldats de l'armée pour aller en parti, en ce cas il prendra deux parts, outre les six comme chef, s'il n'est point Officier; & s'il est Officier, il partagera suivant son grade.

CDLXXXVII.

Quand il y aura dix chevaux pris, ou davantage, le chef du parti aura un cheval de préférence; mais il ne pourra le prétendre, si les chevaux pris sont au dessous de ce nombre.

CDLXXXVIII.

Lorsqu'il y aura deux Partisans nommés dans le passeport, ils ne prendront qu'un cheval de préférence, dont le prix sera partagé entre eux.

CDLXXXIX.

Si deux Partisans ayant chacun un passeport séparé, s'étant joints, font une prise ensemble, ils prendront chacun leur part comme s'ils étoient séparés : à l'égard du cheval de préférence, ils le partageront ensemble, quand il y aura moins de quinze chevaux pris; & s'il y en a ce nombre ou davantage, ils en prendront chacun un.

CDXC.

LES Officiers & Sergens du parti qui ne le commanderont pas, prendront le nombre de parts ci-dessus expliqué, qui est de six pour le Capitaine, quatre pour le Lieutenant & le Sous-lieutenant, & deux pour le Sergent, & les Soldats chacun une.

CDXCI.

LES guides auront deux parts comme un Sergent.

CDXCII.

S'IL y a des Soldats blessés qui n'aient pas pû rejoindre lors de la distribution du produit de la vente de la prise, leur part restera entre les mains du Major du régiment, pour leur être délivrée à leur retour.

CDXCIII.

SI un Soldat, revenant de parti, a perdu quelque chose de son armement, habillement ou équipement, le Capitaine lui en fera retenir la valeur sur sa part de la prise qui aura été faite par ledit détachement.

DES SAUVEGARDES.

CDXCIV.

LES Soldats, Cavaliers & Dragons, que les Généraux des armées auront établis en sauvegarde, seront respectés comme des sentinelles, dans les lieux où ils seront établis. *Comment respectées.*

CDXCV.

IL sera défendu à tous Officiers & Soldats, de faire aucun tort à ceux à qui il aura été accordé des sauvegardes, ni d'entrer dans les lieux dans lesquels ils auront retiré leurs effets; à peine aux Soldats, de la vie, & aux Officiers, de répondre en leur propre & privé nom, des dommages & intérêts qui auront été soufferts. *Défense de faire tort à ceux à qui elles sont accordées.*

CDXCVI.

LES Majors des régimens tiendront un état exact des Soldats qui seront envoyés en sauvegarde, des lieux où *Etat des Soldats en sauvegarde.*

chacun d'eux ſera envoyé, du jour de leur départ pour y aller, & de celui de leur retour.

CDXCVII.

Arrangement pour leur paye.

Le pain & le prêt des Soldats envoyés en ſauvegarde, appartiendront à leur chambrée pendant le temps qu'ils ſeront abſens.

CDXCVIII.

Les Soldats envoyés en ſauvegarde toucheront, pendant les quinze premiers jours qu'ils y ſeront, la totalité de ce qui devra être payé chaque jour pour eux perſonnellement, dans les lieux où ils ſeront établis; mais au-delà de ces quinze jours, ils ne toucheront que la moitié de ce bénéfice, & l'autre moitié ſera retenue pour être partagée entre eux & les autres Soldats de leurs compagnies, à la fin de la campagne.

CDXCIX.

Demander leur retour.

Les Majors des régimens auront ſoin de demander le retour des ſauvegardes qu'ils auront fournies, quand les habitans des lieux où ces ſauvegardes auront été établies, ne les ramèneront pas exactement à la fin du temps pour lequel elles leur auront été accordées, ou lorſque les armées s'éloigneront deſdits lieux à la diſtance de ſix heures de chemin.

D.

Habitans reſponſables des violences commiſes à leur égard.

Les habitans ſeront reſponſables des violences qui pourront être faites aux ſauvegardes qui leur auront été accordées, & tenus en ce cas des dédommagemens qu'il appartiendra.

DE LA DISCIPLINE ET POLICE dans les Armées.

D I.

Prendre les armes.

Un régiment ne prendra jamais les armes à l'armée ſans la permiſſion du Commandant, à moins qu'il ne lui ſoit ordonné ſur le champ par un Officier général.

D I I.

Abſences des Officiers.

Aucun Officier ne pourra s'abſenter de l'armée, ni même

même en découcher, ne fût-ce que pour un jour, sans la permission par écrit du Commandant de l'armée; & on s'adressera au Major général pour avoir cette permission.

D I I I.

LES Officiers ne pourront de même, sans la permission du Général, profiter de leur semestre, ni des congés qu'ils obtiendront.

D I V.

IL sera défendu à tous Officiers, Soldats, valets & autres, de chasser & de tirer, soit dans les camps, marches, détachemens, fourrages & pâtures; de pêcher, ni de couper les arbres fruitiers: les Commandans des corps puniront très-sévèrement ceux qui y contreviendront, & ils en rendront compte au Général. *Chasse.*

D V.

IL ne pourra être établi dans le camp ni aux environs, aucuns jeux de hasard, sous quelque nom qu'ils puissent être déguisés; à peine, pour ceux qui donneront à jouer, d'une année de prison, & de quatre mois pour les Officiers qui auront joué: voulant Sa Majesté que les Commandans des corps y tiennent exactement la main. *Jeux.*

D V I.

LES Officiers & Sergens de piquet, visiteront de temps en temps les lieux où les Soldats pourroient tenir des jeux dans le voisinage du camp; & ils y enverront des patrouilles, pour arrêter ceux qui se trouveront en contravention.

D V I I.

SA MAJESTÉ payera la rançon des Officiers & Soldats qui seront faits prisonniers dans les actions de guerre; mais à l'égard de ceux qui auront été pris dans toute autre circonstance, les Officiers payeront leur rançon; & celle des Soldats sera payée par leur Capitaine. *Prisonnier. de guerre.*

D V I I I.

DANS les vingt-quatre heures de la prise d'un Soldat, ou de la rentrée du détachement dans lequel il aura été pris, le Capitaine sera tenu d'en remettre une note au

Major du régiment; & celui-ci en fera part aussi-tôt au Major général.

D I X.

Le Major général tiendra un état par régiment & par compagnie, des Officiers d'Infanterie, & des Soldats qui auront été faits prisonniers de guerre; sur lequel il marquera les occasions où ils auront été pris, afin d'y avoir recours lorsqu'il s'agira de constater par qui leur rançon devra être payée.

D X.

Déserteurs étrangers. Aucun Officier ne pourra engager un Déserteur venant de l'ennemi ou de l'étranger, qu'après que le Major général lui en aura fait obtenir la permission du Général de l'armée.

Il ne pourra acheter ses armes ou son cheval, sans la même permission.

D X I.

Chevaux perdus. Les chevaux qui seront trouvés sans maîtres ou sans conducteurs, dans le camp ou dans les environs, seront conduits chez le Prevôt de l'armée, qui les rendra à qui ils appartiendront.

D X I I.

On restituera de même, sans rien payer, ceux qui ayant été volés ou perdus, seront réclamés par leurs maîtres, quand même ils auroient été vendus par ceux qui les auroient volés ou trouvés; devant être défendu à qui que ce puisse être, d'acheter des chevaux que d'un Officier connu.

D X I I I.

Domestiques. Personne ne pourra enrôler ni engager le domestique d'un Officier, sans le congé de son maître, non plus qu'aucun charretier ou autre homme servant dans les équipages des vivres & de l'artillerie, s'il n'est porteur d'un congé en bonne forme; à peine de nullité de l'engagement, & de perdre ce qui aura été donné au domestique.

D X I V.

Les Officiers pourront reprendre leurs valets par-tout où ils les trouveront; & les valets qui les quitteront sans en avoir fait connoître les raisons au Commandant des corps, seront punis suivant la rigueur des ordonnances.

D X V.

Tout valet qui, étant sorti de condition, voudra se retirer de l'armée, sera obligé de prendre un congé du Prevôt, qui lui servira de passeport.

D X V I.

Il sera défendu à toutes personnes d'aller au-devant de ceux qui apporteront des vivres au camp, de leur faire aucun tort ni violence, ni d'en tirer aucune rétribution, & de donner aucuns empêchemens aux moulins; à peine aux Soldats, valets, Vivandiers & autres qui contreviendront à ces défenses, d'être envoyés au Prevôt, & punis sévèrement. *Vivres.*

D X V I I.

Qui que ce soit qui sera trouvé chargé de hardes, ou d'ustensiles prises en maraude, sera arrêté & envoyé au Prevôt. *Maraude.*

D X V I I I.

Les Majors ne souffriront point qu'aucuns autres Vivandiers que ceux de leur régiment, s'établissent dans le terrein qu'il occupera. *Vivandiers.*

D X I X.

A l'égard du quartier général, aucun Vivandier ni Marchand ne pourra s'y établir, qu'il ne soit enregistré sur l'état qu'en tiendra le Prevôt de l'armée.

D X X.

Aucun Soldat ne pourra aller camper au quartier général, sous quelque prétexte que ce soit, ni ailleurs que dans le terrein de son régiment, pour faire aucun métier ou commerce.

D X X I.

Il ne pourra non plus aller au quartier général, sous prétexte d'acheter des vivres, sans une permission par écrit de ſon Capitaine, ſignée du Major du régiment: laquelle permiſſion ne pourra être accordée que pour y reſter depuis ſept heures juſqu'à onze heures du matin; à peine pour ceux qui y contreviendront, d'être arrêtés par les gardes du quartier général, & remis au Prevôt.

D X X I I.

NUL Soldat ne pourra rien vendre dans le camp, ſans une permiſſion par écrit du Major de ſon régiment; & cette permiſſion ne s'étendra pas au delà du débit du pain, de l'eau de vie, du ſel, des pipes, du tabac, du fil, des aiguilles, de la chandelle, du papier, des plumes & de l'encre: le ſurplus ne pouvant être vendu ni acheté qu'au quartier général, où ſe tiendront les Marchands autoriſés par le Prevôt de l'armée.

D X X I I I.

Paſſage des gardes. AUCUNE perſonne ſuivant l'armée, de quelque condition qu'elle ſoit, ne pourra paſſer au delà des gardes ordinaires, ſans la permiſſion du Général; ſous peine d'être envoyée au Prevôt.

La même défenſe ſera faite aux Soldats, ſous les peines portées par les ordonnances.

D X X I V.

VEUT Sa Majeſté que les Capitaines ou Commandans des compagnies, dont les Soldats ſeront ſortis du camp ſans congé, & qui ne les auront pas dénoncés au Commandant de leur régiment, ſoient punis ſévèrement par le Général de l'armée.

D X X V.

Gens ſans aveu. ON ne ſouffrira point à la ſuite des corps de gens ſans aveu; & s'il s'y en trouve, ils ſeront envoyés au Prevôt.

D X X V I.

Envoi au Prevôt. LORSQU'ON enverra au Prevôt un Soldat, valet ou autre perſonne, le Major du régiment qui l'enverra, marquera ſur un billet, le ſujet pour lequel il y ſera envoyé.

D X X V I I.

Priſonniers au poteau. ON fera planter un poteau au centre de chaque bataillon, pour y attacher les Soldats qui auront manqué

à

à quelque point de discipline, pour lequel ce châtiment est ordonné, ou ceux à qui leurs supérieurs croiront le devoir infliger.

DXXVIII.

Compte à rendre.

LES Majors des régimens rendront compte exactement à leur Commandant & à leur Brigadier, de tout ce qui s'y passera de contraire à la discipline, & des punitions qui auront été ordonnées: les Brigadiers en informeront les Officiers généraux attachés aux divisions dont seront leurs brigades; lesquels seront chargés de veiller à ce que les ordonnances de Sa Majesté soient ponctuellement exécutées en tous leurs points, par ceux qui seront sous leurs ordres; & d'informer le Général de l'armée, de toutes les contraventions dont ils auront connoissance, afin qu'ils fassent subir aux coupables, sans aucun ménagement, les peines qu'ils auront encourues.

DES CONSEILS DE GUERRE, & Exécutions.

DXXIX.

Permission de tenir le Conseil de guerre.

LORSQU'IL sera nécessaire de tenir le Conseil de guerre à l'armée, le Major du régiment dont sera l'accusé, s'adressera au Major général, pour en obtenir la permission du Général de l'armée; & il en avertira le Brigadier.

DXXX.

Instruction du procès.

LES Majors des régimens instruiront les procès de tous les Soldats de leurs corps, qui seront contrevenus aux ordonnances militaires, excepté les cas qui sont réservés au Prevôt de l'armée, quand il se trouvera présent pour en prendre connoissance.

DXXXI.

CETTE exception doit s'étendre aussi sur les vols & autres délits qui concernent directement l'Artillerie: tous les Soldats qui en seront prévenus, devant être jugés à l'armée par les seuls Officiers de l'Artillerie, dans un Conseil de guerre qui s'assemblera pour cet effet chez celui qui commandera ladite Artillerie.

DXXXII.

Le Commandant de la compagnie dont sera l'accusé, & à son défaut, un Officier major du régiment, rendra sa plainte à celui qui le commandera, pour obtenir qu'il en soit informé; & il ne pourra refuser de la recevoir, sans des raisons très-graves, dont en ce cas, il informera sur le champ le Général.

DXXXIII.

La requête ayant été admise, & remise au Major, il procédera à l'information, l'interrogatoire de l'accusé, le récolement des témoins, & leur confrontation audit accusé; le tout en suivant les formalités prescrites par l'ordonnance Criminelle du mois d'août 1670; & de manière que la procédure soit parfaite en deux fois vingt-quatre heures au plus, à moins qu'il n'y ait des raisons considérables qui exigent d'y employer un plus long temps.

DXXXIV.

Ordre d'assembler le Conseil de guerre.

Le procès étant en état, le Major en rendra compte au Commandant du régiment, qui ordonnera sans délai, la tenue du conseil de guerre.

DXXXV.

Officiers commandés.

Le Commandant du régiment nommera les Officiers du corps qui devront composer le conseil de guerre; lesquels seront commandés à l'ordre la veille du jour qu'il devra se tenir; & seront au moins au nombre de sept, compris le Président.

DXXXVI.

Assemblée des Juges.

Tous les Officiers qui auront été commandés pour le conseil de guerre, se rendront à la tente du Commandant du régiment, à l'heure de la matinée qui leur aura été prescrite, étant à jeun, portant le hausse-col, & ayant des guêtres; & ils iront ensemble entendre la Messe avant de se mettre en place.

DXXXVII.

Ordre pour siéger.

Au retour de la Messe, le Commandant du régiment

s'étant assis, les autres Juges prendront leur place alternativement à sa droite & à sa gauche, suivant leurs grades & leur ancienneté, les Officiers réformés après les Officiers en pied de même grade.

DXXXVIII.

LE Commissaire des guerres ayant la police du régiment, pourra assister au conseil de guerre : en ce cas, il se mettra à la gauche du Président, & pourra représenter aux Juges les ordonnances relatives au délit dont il sera question ; mais il n'y aura point de voix délibérative. *Commissaires des guerres.*

DXXXIX.

LE Major s'asseoira vis-à-vis le Président, & apportera les ordonnances militaires & les informations. *Place du Major.*

DXL.

LES Juges étant assis & couverts, après que le Président aura dit le sujet pour lequel le conseil de guerre sera assemblé, le Major du régiment fera la lecture de toute la procédure & de ses conclusions, qu'il sera tenu de signer. *Rapport du procès.*

DXLI.

APRÈS la visite & la lecture entière du procès, le Président ordonnera que l'accusé soit amené devant l'assemblée, où il le fera asseoir sur la sellète, si les conclusions tendent à une peine afflictive; sinon l'accusé y comparoîtra debout. *Interrogatoire.*

DXLII.

LE Président, après lui avoir fait prêter serment de dire vérité, procédera à son dernier interrogatoire : chaque Juge pourra l'interroger à son tour; & on le fera retirer quand les interrogatoires seront finis.

DXLIII.

L'ACCUSÉ étant sorti, le Président prendra les voix pour le jugement. *Manière d'opiner.*

DXLIV.

LE dernier Juge opinera le premier, & ainsi de suite en remontant jusqu'au Président qui opinera le dernier.

D X L V.

Celui qui opinera, ôtera ſon chapeau, & dira à voix haute, que trouvant l'accuſé convaincu, il le condamne à telle peine ordonnée pour tel crime; ou que le jugeant innocent, il le renvoie abſous : ou ſi l'affaire lui paroît douteuſe, faute de preuves, qu'il conclut à un plus amplement informé, l'accuſé reſtant en priſon.

D X L V I.

A meſure que chaque Juge donnera ſon avis, il l'écrira au bas des concluſions du Major, & le ſignera.

D X L V I I.

L'avis le plus doux prévaudra dans les jugemens, ſi le plus ſévère ne l'emporte de deux voix; & l'avis du Préſident ne ſera compté que pour une voix, de même que celui des autres Juges.

D X L V I I I.

Sentence. L'accusé étant jugé, le Major fera dreſſer la ſentence ſuivant les modèles imprimés qui lui auront été envoyés, & tous les Juges ſigneront au bas, quand bien même ils auroient été d'avis différent de celui qui aura prévalu.

D X L I X.

Le Major ira enſuite au lieu où le priſonnier ſera détenu; s'il eſt renvoyé abſous, il ſera mis en liberté auſſi-tôt après que ſa ſentence lui aura été lûe; s'il eſt condamné à mort ou à une peine corporelle, le Major le fera mettre à genoux pendant qu'on lui lira ſa Sentence : dans le premier cas on lui donnera auſſi-tôt un Confeſſeur, & il ſera exécuté dans la journée; dans le ſecond, il reſtera en priſon juſqu'au moment de l'exécution de ſa condamnation.

D L.

Exécution. Défend Sa Majeſté aux Commandans des corps, d'ordonner ni ſouffrir, ſous tel prétexte que ce puiſſe être, qu'il ſoit ſurſis à l'exécution d'un jugement du conſeil de guerre, ſans un ordre exprès de Sa Majeſté.

D L I.

Dès que le jugement aura été rendu, le Major du

régiment en avertira le Major général, ainſi que de l'heure de l'exécution qui devra être faite, afin qu'en ce cas il y faſſe trouver les piquets que le Général jugera à propos d'y envoyer.

D L I I.

Le régiment duquel ſera le criminel, ſera placé au centre du terrein où l'exécution devra ſe faire; & les piquets de l'armée ſe placeront à ſa droite & à ſa gauche, dans le même ordre qu'ils ſeront campés, formant le quarré, dont une face reſtera ouverte ſi le criminel doit paſſer par les armes.

D L I I I.

Lorsque l'on amènera le criminel ſur le lieu de l'exécution, les troupes ſeront ſous les armes, les Officiers à leur poſte, les Tambours battront aux champs; & il ſera publié un ban portant défenſes de crier *grace*, ſous peine de la vie.

D L I V.

Le criminel étant arrivé au centre des troupes, on le fera mettre à genoux, & on lui lira ſa ſentence à haute voix; après quoi on le conduira au lieu du ſupplice.

D L V.

Celui qui aura été condamné à être pendu, ſera paſſé par les armes au défaut d'Exécuteur; & en ce cas, il en ſera fait mention au bas de la ſentence.

D L V I.

Pour défiler devant le mort.

Lorsqu'après l'exécution on fera défiler les piquets devant le mort, ils défileront par la droite ou par la gauche, ſelon le chemin qu'ils devront prendre pour retourner à leur camp, gardant entre eux le même ordre dans lequel ils auront été placés, & laiſſant marcher à la tête le régiment dont étoit le criminel.

D L V I I.

Piquets d'une garniſon voiſine.

Si l'on jugeoit à propos de faire aſſiſter à l'exécution les piquets d'une garniſon voiſine du camp, ils prendront rang avec ceux de l'armée, ſuivant celui du plus ancien régiment de la garniſon, qui ſera alors réputé être chef de brigade.

DLVIII.

Envoi de la ſentence.

L'EXÉCUTION étant faite, le Major du régiment dans lequel le Conſeil de guerre ſe ſera tenu, donnera une copie de la ſentence au Major général, pour être par lui envoyée au Secrétaire d'Etat ayant le département de la guerre.

DLIX.

Conſeil de guerre tenu par les Officiers de la brigade.

SI le délit pour lequel le Conſeil de guerre doit être aſſemblé, pouvoit ſouffrir quelque difficulté, à l'occaſion de laquelle le Général de l'armée jugeroit à propos d'ordonner qu'au lieu d'être tenu par les ſeuls Officiers du régiment, il ſeroit compoſé de ceux des régimens de la brigade; en ce cas, le Major de la brigade fera tout ce qui eſt preſcrit ci-deſſus au Major du régiment, qui enverra ſeulement un Officier major pour aſſiſter aux informations: & les Officiers des différens régimens de la brigade, ſiégeront entre eux ſuivant leur grade & l'ancienneté de leurs corps; à l'exception des réformés, qui prendront rang entre eux ſuivant la date de leurs commiſſions, lettres ou brevets.

DLX.

Régimens étrangers.

LES régimens étrangers qui ont une juſtice particulière, jugeront leurs Soldats ſuivant les formes uſitées dans leur nation; mais ils ſeront aſſujétis à demander au Major général, la permiſſion du Général pour tenir le Conſeil de guerre, & à l'informer du jugement, pour avoir celle de le faire exécuter; ils devront auſſi avertir leur Brigadier.

DLXI.

Jugement des Officiers.

AUCUN Officier ne ſera mis au Conſeil de guerre ſans un ordre de Sa Majeſté, qui fera ſavoir ſes intentions au Général, ſur le compte qui lui ſera rendu du délit, & de l'information qui en aura été faite.

DES HONNEURS MILITAIRES.

DLXII.

Drapeau blanc.

LE drapeau blanc ne ſe portera jamais à aucune garde;

de quelque régiment qu'elle soit, que lorsque le Colonel la montera pour Sa Majesté & pour Monsieur le Dauphin; bien entendu néanmoins, que si le Colonel étoit absent, on ne porteroit pas moins le drapeau blanc à la garde qu'il devroit monter étant présent.

D L X I I I.

Gardes des Princes du sang & des Maréchaux de France.

LA garde des Princes du sang & légitimés de France, & des Maréchaux de France, sera de cinquante hommes, commandés par un Capitaine & autres Officiers à proportion, avec un drapeau de couleur & un Tambour qui battra aux champs.

D L X I V.

LE plus ancien des régimens de l'armée la fournira chez le premier des Princes du sang; & ceux qui le suivront, monteront successivement chez les autres Princes & chez les Maréchaux de France.

D L X V.

LORSQUE les Princes du sang & légitimés de France, & les Maréchaux de France, iront les uns chez les autres, leurs gardes prendront les armes, & les Tambours battront aux champs.

D L X V I.

LES gardes des Officiers généraux prendront les armes pour les Princes & Maréchaux de France, lorsqu'ils passeront devant elles ; & celles qui auront des Tambours battront aux champs.

D L X V I I.

LES Tambours battront toûjours aux champs pour ceux à qui il sera dû une garde avec un drapeau.

D L X V I I I.

Gardes des Officiers généraux.

LE Lieutenant général commandant une armée en chef, aura pour sa garde cinquante hommes sans drapeau, commandés par un Capitaine, & le Tambour appellera.

D L X I X.

LES Lieutenans généraux employés dans les armées, auront trente hommes commandés par un Officier, & le Tambour appellera.

D L X X.

Le Maréchal-de-camp qui aura un ordre pour commander en chef un corps de troupes, aura trente hommes & un Officier, & le Tambour appellera.

D L X X I.

Les Maréchaux-de-camp employés, auront quinze hommes & un Sergent ; le Tambour conduira la garde & n'y restera pas.

D L X X I I.

Les gardes des Officiers généraux prendront les armes lorsqu'il passera une troupe devant leur logis; & leur Tambour battra, si cette troupe marche Tambour battant ou Trompette sonnante.

D L X X I I I.

Gardes des Brigadiers. Le Brigadier d'Infanterie qui aura un ordre pour commander en chef un corps de troupes, aura la même garde qu'un Maréchal-de-camp employé.

D L X X I V.

Celui qui commandera une brigade, aura dix hommes & un Caporal, qui seront fournis par les troupes de cette brigade lorsqu'il sera logé ou campé dans le terrein qu'elle occupera; & comme cette garde ne sera que pour ses équipages, elle ne prendra les armes pour qui que ce soit; & elle se mettra seulement en haie sans armes, lorsque le Brigadier entrera ou sortira.

D L X X V.

Présenter les armes. L'Infanterie ne présentera jamais les armes que pour le Roi, Monsieur le Dauphin, les Princes du sang & légitimés de France, & les Maréchaux de France.

D L X X V I.

Salut. Toutes les fois que les Princes du sang & légitimés de France, & les Maréchaux de France, verront les troupes sous les armes, ils seront salués du drapeau & de l'esponton.

D L X X V I I.

Un Lieutenant général commandant en chef, sera salué deux fois de l'esponton; la première en entrant en campagne, & la seconde en sortant : il sera salué de même la la première fois qu'il verra les troupes dans leurs quartiers d'hiver, & lorſqu'elles en ſortiront.

DLXXVIII.

Gardes du camp. Les gardes de la tête du camp prendront les armes pour les Princes du ſang & légitimés de France, les Maréchaux de France, & le Commandant de l'armée ou du corps de troupes; & les Tambours battront aux champs.

DLXXIX.

Elles ſe mettront ſous les armes & en haie pour les Lieutenans généraux & les Maréchaux-de-camp de jour; & le Tambour ne battra pas.

DLXXX.

Gardes des poſtes. Quant aux gardes des poſtes autour de l'armée, elles prendront les armes dès qu'elles verront venir à elles quatre ou cinq perſonnes; & lorſqu'elles les auront fait reconnoître, elles les recevront ſuivant leurs dignités, battront aux champs pour les Princes du ſang & légitimés, & pour les Maréchaux de France; appelleront pour un Lieutenant général, même quand il commandera l'armée; & ſe mettront ſous les armes, le Tambour prêt à battre, pour un Maréchal-de-camp.

DLXXXI.

Lorsque les Inſpecteurs généraux & le Major général jugeront à propos de viſiter les poſtes de l'armée, on leur rendra les honneurs dûs à leurs grades, ſoit qu'ils ſoient de jour ou non.

DLXXXII.

Les Brigadiers qui les viſiteront, ſeront reçûs, la garde ſe repoſant ſur les armes, l'Officier à la tête, ayant l'eſponton près de lui.

DLXXXIII.

Pour un Colonel qui ira les voir, les Soldats ſe trouveront à leurs armes, qui ſeront à terre; & l'Officier ſera près d'eux pour rendre compte du poſte.

DLXXXIV.

Piquets. Les piquets ne rendront aucuns honneurs; & ce qu'ils doivent observer, lors du passage des Princes & Officiers généraux, est expliqué au titre du Piquet.

D L X X X V.

Défense de rendre d'autres honneurs que ceux qui sont réglés.

Il ne sera donné aucune garde, ni établi aucune sentinelle à aucuns équipages, autres que celles ordonnées par Sa Majesté; & si quelqu'un en exige au delà de ce qui est prescrit, les Majors des régimens en seront responsables, s'ils n'en rendent compte aussi-tôt au Major général.

D L X X X V I.

Ne seront néanmoins comprises dans cette défense, les gardes qu'il est d'usage de donner aux Intendans des armées, aux Trésoriers & autres, que le Major général continuera de commander comme par le passé.

D L X X X V I I.

Troupes qui se rencontrent.

Les troupes qui se rencontreront en marche, se céderont mutuellement la droite.

DES HONNEURS FUNÈBRES.

D L X X X V I I I.

Maréchaux de France.

Pour un Maréchal de France qui mourra à l'armée, il sera tiré un coup de canon de demi-heure en demi-heure, jusqu'au départ de son convoi.

D L X X X I X.

Toute l'armée prendra les armes, & se tiendra en bataille pendant la marche du convoi, qui sera précédé par la plus ancienne brigade de Cavalerie & d'Infanterie; ayant à sa tête douze pièces de canon de campagne.

D X C.

Lorsque le corps sera mis en terre, ou déposé, il sera fait trois décharges des douze pièces de canon, & de la mousqueterie des troupes, finissant par celles qui auront marché au convoi; lesquelles feront la dernière en défilant devant la porte de l'église.

D X C I.

Lieutenant général commandant.

Pour un Lieutenant général commandant l'armée

en chef, il ſera tiré un coup de canon de demi-heure en demi-heure, juſqu'au départ du convoi.

DXCII.

TOUTE l'armée prendra les armes, & ſe tiendra en bataille pendant la marche du convoi, qui ſera précédé par le plus ancien régiment de Cavalerie & d'Infanterie, ayant à leur tête cinq pièces de canon de campagne.

DXCIII.

IL ſera fait, au moment de la ſépulture, trois décharges des cinq pièces de canon, & de la mouſqueterie des troupes, finiſſant par celles du convoi, qui feront la dernière en défilant.

DXCIV.

Maréchal-de-camp commandant.

POUR un Maréchal-de-camp commandant un corps de troupes en chef, toute l'armée prendra les armes, & ſe tiendra en bataille pendant la marche du convoi, qui ſera précédé par un eſcadron & un bataillon du plus ancien régiment de Cavalerie & d'Infanterie; & il ſera fait trois décharges générales de la mouſqueterie des troupes, qui finiront, comme il a été dit, par celles du convoi.

DXCV.

Lieutenant général.

POUR un Lieutenant général employé à l'armée; tous les piquets prendront les armes, marcheront avec le convoi, & feront trois décharges.

DXCVI.

Maréchal-de-camp.

POUR un Maréchal-de-camp, la moitié des piquets prendra les armes, marchera au convoi, & fera trois décharges.

DXCVII.

Brigadier.

POUR un Brigadier d'Infanterie; s'il eſt Colonel, ſon régiment entier marchera avec deux piquets de chacun des autres bataillons de ſa brigade; s'il n'a point de régiment, on commandera cinq cens hommes de la brigade; & tout ce qui aura marché fera trois décharges.

DXCVIII.

Colonel.

POUR un Colonel étant à ſon régiment, le régiment tout entier prendra les armes, & marchera au convoi.

Si le Colonel n'étoit pas à ſon régiment, ou qu'il fût réformé ou par commiſſion, on commandera deux cens hommes ſans drapeau.

DXCIX.

Lieutenant-colonel. POUR un Lieutenant-colonel en pied, on commandera cent cinquante hommes du régiment, avec un drapeau.

S'il eſt réformé ou par commiſſion, on commandera cent cinquante hommes, ſans drapeau.

D C.

Autres Officiers. POUR un Commandant de bataillon, cent hommes, ſans drapeau.

Pour un Major ou Capitaine, cinquante hommes.

Pour un Lieutenant ou Sous-lieutenant, trente hommes.

Et pour un Sergent, quinze hommes.

Le tout du régiment dont ſera le défunt.

D C I.

Armes traînantes. LES Troupes qui marcheront aux convois, porteront les armes traînantes, & feront trois décharges.

D C I I.

ELLES ſeront toûjours commandées par un Officier du même grade que le défunt.

D C I I I.

Coins du poêle. LES Officiers qui devront porter les quatre coins du poêle, ſeront auſſi du même grade.

D C I V.

Crêpes. IL ſera mis, autant qu'il ſe pourra, des crêpes aux drapeaux que l'on portera aux convois; & les caiſſes des Tambours ſeront couvertes de ſerge noire.

D C V.

LES crêpes qui ſeront mis aux drapeaux des régimens, à la mort de leur Colonel, y reſteront juſqu'à ce qu'il ait été remplacé.

DES SCELLÉS ET INVENTAIRES.

D C V I.

LORSQU'UN Officier d'Infanterie mourra à l'armée, ou

ou dans un quartier de cantonnement, le Major du régiment, auſſi-tôt qu'il en ſera averti, ſe tranſportera à la tente ou au logement du défunt, pour y faire l'inventaire de ſes effets & équipages, ou pour mettre le ſcellé ſur leſdits effets, s'il ne peut pas en faire l'inventaire dans le moment.

DCVII.

Vente.

IL remettra leſdits effets aux héritiers, s'il s'en préſente qui veulent acquitter ſur le champ les dettes de la ſucceſſion, ſinon il en fera faire diligemment la vente à l'encan.

DCVIII.

Retenue & payement des dettes.

IL ne pourra retenir que le ſol pour livre ſur le produit de la vente, pour le dédommager de ſes frais: après quoi il acquittera les frais funéraires, ceux de la maladie, les gages des valets, & ce qui ſera dû au régiment, ainſi qu'aux Vivandiers & Marchands à la ſuite de l'armée; bien entendu qu'il conſtatera toutes ces dettes, & qu'il tirera des quittances des payemens.

DCIX.

Remiſe du ſurplus.

IL gardera entre ſes mains le ſurplus de l'argent de la ſucceſſion, avec l'inventaire & les pièces juſtificatives des payemens qu'il aura faits, ainſi que les papiers & les effets qui n'auront pû être vendus, afin de remettre le tout aux héritiers naturels, ou à leurs chargés de procuration, deſquels il retirera une quittance de décharge en bonne forme; à l'effet de quoi il aura ſoin d'avertir les parens du défunt.

DCX.

Epée.

L'ÉPÉE que portoit ordinairement le défunt, ſera miſe ſur ſon cercueil lors de ſon enterrement, & elle appartiendra au Major, comme un honoraire, en conſidération du ſoin qu'il prendra de lui faire rendre les honneurs attribués à ſon grade.

DCXI.

SI cependant le prix de cette épée étoit néceſſaire

pour payer les frais funéraires, & autres dettes ci-dessus spécifiées, il y seroit employé par préférence.

DES SIÉGES.

DCXII.

Service des troupes.

LES troupes destinées à faire un siége, feront un double service; l'un, qui sera le service ordinaire de l'armée, se fera par brigades, qui demeureront formées comme elles l'auront été depuis le commencement de la campagne; l'autre service sera celui du siége, & se fera par régimens commandés chacun à leur rang.

DCXIII.

LORSQUE le Commandant de l'armée aura réglé le nombre de bataillons qui devront être chaque jour à la tranchée, l'Infanterie employée au siége, sera partagée en conséquence, de manière qu'un même bataillon ne monte point une seconde fois la tranchée, que tous les autres ne l'aient montée une fois, & qu'il y ait autant d'anciens régimens destinés à être chefs de tranchée, qu'il faudra de jours pour couler à fond toute l'Infanterie.

DCXIV.

L'ANCIEN des régimens commandés pour la tranchée de chaque jour, sera le premier d'entre eux ou le chef de tranchée, & les autres régimens ou bataillons, seront disposés après lui selon l'ancienneté des corps, sans avoir égard à la brigade dont ils auront été tirés.

DCXV.

LORSQU'IL y aura plusieurs attaques séparées, chaque attaque aura son régiment chef de tranchée.

DCXVI.

LES régimens qui devront monter la tranchée, feront toûjours commandés la veille, & ils ne fourniront point de garde les jours qu'ils feront de tranchée.

DCXVII.

LES compagnies de Grenadiers monteront toûjours

avec leurs bataillons, & on aura ſoin qu'elles ſoient complettes.

Elles ſeront encore commandées à leur rang, quand leurs bataillons ne ſeront point de tranchée, ſoit pour renforcer la tranchée, ou pour les attaques qui ſeront ordonnées.

DCXVIII.

AUCUN Officier ni Soldat des régimens commandés pour la tranchée, ne pourra ſe diſpenſer de la monter, s'il n'eſt réellement malade; à la ſeule exception de la garde du camp qui y reſtera avec le Sergent qui la commandera.

DCXIX.

LES Colonels qui ne ſeront pas Brigadiers, monteront la tranchée avec leur régiment; & s'il arrive que tous les bataillons de leur régiment ne la montent pas en même temps, ils la monteront ſeulement avec leur premier bataillon; & les autres bataillons qui monteront ſéparément, ſeront commandés par leurs Commandans de bataillon.

DCXX.

Brigadiers de tranchée.

OUTRE les Officiers généraux qui ſeront journellement de tranchée, il y aura un ou pluſieurs Brigadiers de tranchée, ſelon que le Général le jugera à propos, dont le ſervice commencera par la tête à chaque ſiége; & les Colonels ou autres Officiers qui auront ce grade, ne monteront point la tranchée avec leur régiment, à moins qu'ils ne ſe trouvent commandés en même temps à leur rang de Brigadier.

DCXXI.

LORSQUE les régimens des Gardes-françoiſes & Suiſſes monteront la tranchée, il n'y aura pas de Brigadier de tranchée qui ne ſoit de leur corps.

DCXXII.

SA MAJESTÉ défend aux Brigadiers de tranchée d'y faire porter des haltes, voulant que chacun ait à ſe précautionner en ſon particulier, des vivres néceſſaires pour le temps qu'il y devra reſter.

D C X X I I I.

Major de tranchée.

Le Major du régiment, chef de tranchée, ſera Major de la tranchée; & en ſon abſence, il ſera remplacé par le Major du ſecond régiment de la tranchée.

D C X X I V.

Le Major de tranchée en fera le détail, quant au ſervice des troupes, pendant les vingt-quatre heures qu'il y ſera, & y veillera à l'exacte obſervation de tout ce qui ſera ordonné.

D C X X V.

Il fera d'avance la viſite de tous les poſtes de la tranchée, & les viſitera encore lorſque les troupes y ſeront établies; & il en prendra l'état, afin de pouvoir faire paſſer promptement à chacun les ordres des Officiers généraux, à portée deſquels il ſe tiendra pour les recevoir.

D C X X V I.

Il ſaura d'eux, ſur toutes choſes, les lieux où ils ordonneront aux troupes de ſe raſſembler en cas de ſortie de la part des aſſiégés; & il aura ſoin de les en inſtruire.

D C X X V I I.

Officier prépoſé au détail de la tranchée.

Lorsque le Général jugera à propos de prépoſer un Officier aux détails de la tranchée, cet Officier ſera chargé de recevoir toutes les munitions qui ſeront apportées à la queue de la tranchée, comme ſacs à terre, faſcines, claies, gabions & autres, dont il tiendra des états.

D C X X V I I I.

Il fera délivrer les ſacs à terre & les outils néceſſaires pour les ouvrages, & il aura ſoin de faire retirer les uns & les autres lorſque l'on n'en fera pas d'uſage.

D C X X I X.

Il aura auſſi ſoin qu'il y ait toûjours des brancards & des gens prêts pour les porter, afin d'aller chercher les bleſſés.

D C X X X.

Il comptera tous les détachemens de Travailleurs

lorſqu'ils

lorsqu'ils entreront à la tranchée, & en rendra compte au Major général.

DCXXXI.

IL lui donnera de même un état des Travailleurs des bataillons de tranchée, que les Officiers généraux de tranchée auront fait employer.

DCXXXII.

IL donnera des billets pour prendre au dépôt de l'artillerie les munitions de guerre dont les troupes de la tranchée auront besoin.

DCXXXIII.

IL remettra tous les jours au Major général, un état de tous les ordres & certificats qu'il aura donnés, ainsi que l'état des dépôts qui auront été commis à ses soins.

DCXXXIV.

IL remettra pareillement tous les jours au Major général, un état, par régiment, des morts & des blessés.

DCXXXV.

IL veillera au surplus, à ce que tout se passe en règle dans la tranchée; à l'exception néanmoins de la disposition des troupes, qui doit regarder uniquement le Major de la tranchée.

DCXXXVI.

Pour monter la tranchée.

LA tranchée sera relevée toutes les vingt-quatre heures, sans que les troupes puissent y demeurer plus long-temps, à moins d'un ordre du Général; auquel cas les nouvelles troupes de tranchée prendront la queue de celles qui y seront déjà.

DCXXXVII.

LE Général ayant fixé l'heure à laquelle on devra monter la tranchée, & le lieu de rendez-vous pour y assembler les troupes, elles s'y rendront assez à l'avance pour que les Inspecteurs généraux & le Major général aient le temps d'en faire l'inspection.

DCXXXVIII.

LORSQUE les troupes seront arrivées au rendez-vous,

le Major de tranchée les difpofera fuivant l'ordre dans lequel elles devront occuper la tranchée.

DCXXXIX.

Les compagnies de Grenadiers dont les bataillons monteront la tranchée, feront toûjours les premières; après elles il y aura un piquet de cinquante hommes de chacun defdits bataillons, & enfuite les bataillons à leur rang.

DCXL.

Lorsqu'il aura été commandé des compagnies de Grenadiers, autres que celles des bataillons de tranchée, elles fuivront les compagnies de Grenadiers defdits bataillons, fans pouvoir paffer devant elles, de quelque régiment qu'elles foient.

DCXLI.

Lorsque le Général jugera à propos de faire monter la tranchée à des détachemens de Carabiniers & de Dragons, ils marcheront entre les compagnies de Grenadiers & les piquets.

DCXLII.

Les bataillons de tranchée feront partagés par piquets de cinquante hommes chacun, commandés par un Capitaine, un Lieutenant, & un Sous-lieutenant lorfque Sa Majefté entretiendra des troifièmes Officiers dans les compagnies.

DCXLIII.

Les drapeaux feront portés à la tête du piquet qui fera au centre de leur bataillon.

DCXLIV.

Les Officiers qui, par leur tour à marcher, ne fe trouveront pas commandés avec un des piquets, fe tiendront avec les drapeaux.

DCXLV.

Les Tambours feront partagés également au premier & au dernier piquet de chaque bataillon, & il en marchera un feulement avec chaque piquet qui fera commandé féparément pendant le temps de la tranchée.

DCXLVI.

Le service devant commencer par la tête à chaque siége, le premier Capitaine à marcher pour le service du siége, sera commandé avec le piquet détaché à la suite des Grenadiers, au moyen de quoi il aura fait son tour de service de siége.

DCXLVII.

Le Capitaine qui devra marcher ensuite, commandera le premier piquet à la tête du bataillon, & ainsi des autres jusqu'au dernier; mais le tour de ceux-ci ne sera censé fait que quand leurs piquets auront été demandés & employés séparément de leurs bataillons.

DCXLVIII.

Chaque bataillon, chaque compagnie de Grenadiers, & chaque piquet détaché étant de tranchée, enverront, avant l'heure d'être relevés, un Fusilier d'ordonnance à la queue de la tranchée, pour conduire les troupes qui devront les relever.

DCXLIX.

Le Major de tranchée distribuera les ordonnances; de sorte que chaque troupe de la nouvelle tranchée soit conduite en droiture au poste qu'elle devra occuper: quant aux bataillons, ils se relèveront l'un l'autre suivant leur rang.

DCL.

Lorsque les nouvelles troupes de tranchée arriveront, celles qui devront la descendre leur céderont le côté le plus près de l'épaulement.

DCLI.

Toutes les troupes, soit en montant, soit en descendant la tranchée, marcheront Tambour battant & enseignes déployées, portant le fusil sur l'épaule jusqu'au lieu où elles devront commencer à défiler; où ayant mis la bayonnette au bout du fusil, & ôté le tampon de dessus le bassinet, elles porteront le fusil sur le bras gauche.

DCLII.

Lorsque les troupes auront pris leur poste dans *Service à la tranchée.*

la tranchée, les Enſeignes planteront leurs drapeaux ſur l'épaulement, & on mettra des ſentinelles de diſtance en diſtance.

DCLIII.

IL ſera conſigné à ces ſentinelles, d'avertir de ce qu'ils pourront voir ſortir de la place, & des bombes qui en partiront.

DCLIV.

LES Officiers feront travailler chaque Soldat dans ſon terrein, à élargir la tranchée, & à épaiſſir l'épaulement, pour s'y mettre à couvert du feu de la place.

DCLV.

ON ne rendra dans la tranchée aucuns honneurs à qui que ce ſoit; & lorſque le Général de l'armée, ou les Officiers généraux de tranchée, la viſiteront, les Soldats ſe tiendront ſeulement debout, le fuſil ſur le bras gauche, faiſant face à l'épaulement, & prêts à monter ſur la banquette; & l'Officier ſera debout, près d'eux, l'eſponton à la main.

DCLVI.

Pour deſcendre la tranchée.

LORSQUE les troupes ſortiront de la tranchée, elles marcheront en colonne renverſée, le dernier bataillon marchant le premier, & la compagnie de Grenadiers du premier régiment de tranchée, faiſant l'arrière-garde du tout.

DCLVII.

LES troupes étant hors de la tranchée, les Commandans des bataillons leur feront faire halte pour les raſſembler, & donner le temps à leurs piquets détachés & à leurs compagnies de Grenadiers, de les rejoindre.

DCLVIII.

LESDITS Commandans de bataillons examineront s'il n'y manquera perſonne; & lorſque leur troupe ſera en état, ils la ramèneront en bon ordre à leur camp, ſans ſouffrir que perſonne s'en détache pour y aller à l'avance.

DCLIX.

DCLIX.

L'INFANTERIE fera le nombre de gabions, de claies & de fascines qui sera ordonné.

Gabions, claies & fascines.

DCLX.

LES gabions & les claies qui seront fournis à la queue de la tranchée, seront payés au prix qui aura été réglé, sur les reçûs qui en seront donnés par l'Officier chargé du détail de la tranchée, visés de l'Ingénieur préposé pour les recevoir; auquel il est expressément enjoint de rebuter tous ceux qui ne seront pas bien faits, & dans les proportions ordonnées.

DCLXI.

LES gabions seront de trois pieds de haut, y compris le bout des piquets, qui devra entrer en terre: ils auront deux pieds & demi de diamètre; & ils seront formés de neuf piquets, chacun de deux pouces à deux pouces & demi de tour, entrelassés de menus branchages éfeuillés, avec lesquels ils seront également serrés par le haut & par le bas, pour qu'ils ne s'évasent pas plus d'un bout que de l'autre.

DCLXII.

LES claies auront six pieds de long sur trois pieds de large, & seront faites de neuf piquets de deux pouces & demi à trois pouces de circonférence, espacés également entre eux, & entrelassés de branchages plus forts que ceux qui devront être employés pour les gabions.

DCLXIII.

LES fascines auront six pieds de long sur dix pouces de diamètre: elles seront faites avec des branchages dont on recroisera les petits brins; elles seront liées avec des hards en trois endroits différens; & on lardera dans chaque fascine trois piquets, chacun de trois pieds de long, sur deux à trois pouces de diamètre.

DCLXIV.

LES bataillons auront toûjours à la tête de leur camp, une quantité réglée de fascines, qu'ils remplaceront, à mesure qu'elle se consommera.

DCLXV.

TOUT Soldat allant à la tranchée, ſoit pour la monter, ſoit pour y travailler, prendra en partant de ſon camp, une faſcine qu'il laiſſera au dépôt à la queue de la tranchée, avant d'y entrer.

DCLXVI.

Travailleurs. LES gardes des Travailleurs, armés & non armés, de jour ou de nuit, ſoit devant ou dans une place aſſiégée, ſeront commandées par un tour particulier, commençant par la tête: les Majors auront ſoin d'en conſerver le contrôle, afin de continuer ce tour au ſiége ſuivant, quelque mouvement que les régimens faſſent, même d'une guerre à l'autre.

DCLXVII.

LES Officiers abſens reprendront leur tour de ſervice aux Travailleurs; à l'exception de ceux qui auront été pris les armes à la main par les ennemis, leſquels ſeront diſpenſés de reprendre les tours qu'ils auront paſſés juſqu'au temps de leur échange; & de ceux qui auront été bleſſés, leſquels ne reprendront point non plus les tours qu'ils auront paſſés la première année de leur bleſſure, ſi pendant ce temps, elle les empêche de faire aucune autre fonction de leur état.

DCLXVIII.

LES détachemens de Travailleurs ſeront toûjours de cinquante hommes (compris les deux Sergens & le Tambour) commandés par un Capitaine, un Lieutenant, & un Lieutenant en ſecond ou Sous-lieutenant, lorſqu'il y en aura d'entretenus dans chaque compagnie.

DCLXIX.

CES détachemens ſeront commandés par régiment, ſuivant leur rang d'ancienneté, & de façon que tous les bataillons fourniſſent également.

DCLXX.

LES régimens qui ſeront de tranchée, qui la deſcendront, ou qui devront la monter le lendemain, ne fourniront point de Travailleurs; mais ils ne devront pas moins reprendre leur tour dans la ſuite du ſiége.

DCLXXI.

Le nombre des Travailleurs commandés ſera fourni exactement : ils ſeront conduits par un Officier major de chaque régiment, au rendez-vous, où les Inſpecteurs généraux & le Major général les verront quand ils le jugeront à propos ; & l'Officier prépoſé pour le détail du ſiége, les verra entrer à la tranchée, & les comptera.

DCLXXII.

Les Travailleurs entrant à la tranchée, les Capitaines marcheront chacun à la tête de leur détachement, & le Lieutenant à la queue : on fera prendre à chaque Travailleur une pelle, une pioche & une faſcine au dépôt ; & s'ils ſont armés, ils y laiſſeront leurs armes avec un Soldat pour les garder.

DCLXXIII.

Les Officiers & Sergens détachés avec les Travailleurs, prendront chacun au dépôt de la tranchée, en y arrivant, un pot en tête & une cuiraſſe ; & les Officiers généraux de tranchée ne ſouffriront point que ces Officiers & Sergens ſe diſpenſent jamais de prendre ces armes.

DCLXXIV.

Chaque détachement de Travailleurs arrivé à la queue de la tranchée, ſera diviſé, ſans les ſéparer, en autant de parties qu'il y aura d'Officiers ou Sergens, afin que chacun d'eux étant chargé d'en contenir & faire travailler un plus petit nombre, il puiſſe y veiller plus efficacement ; ce qui ne diſpenſera cependant pas chacun d'eux, de donner attention aux autres parties du détachement, dont ils auront ſoin au défaut les uns des autres, comme de celles qui leur auront été plus particulièrement confiées.

DCLXXV.

Les Officiers détachés aux Travailleurs, ſe tiendront avec leurs détachemens où les Ingénieurs les auront placés, & obſerveront exactement ce qui leur aura été preſcrit par eux.

DCLXXVI.

LORSQUE le travail ſera établi, ils ſe promèneront continuellement le long de leur détachement pour faire travailler les Soldats, les obligeant à s'enterrer promptement, & à mettre enſuite leur ouvrage au meilleur état qu'il ſera poſſible.

DCLXXVII.

SI dans la nuit il arrive une ſortie, ou quelqu'autre évènement qui oblige les Soldats à quitter le travail, les Officiers ſe retireront avec eux dans quelque partie de la tranchée où ils ne puiſſent point embarraſſer les troupes.

DCLXXVIII.

SI les Travailleurs avoient dépoſé leurs armes dans quelque endroit, ils s'y retireront par préférence, à moins que par des raiſons particulières leurs Officiers ne leur aient indiqué un autre endroit.

DCLXXIX.

LORSQUE les Travailleurs ſe ſeront ainſi retirés, les Officiers auront ſoin de les compter pour connoître ceux qui manqueront, & les faire punir à leur retour au camp; & ils ramèneront leur détachement au travail, dès qu'on pourra le continuer.

DCLXXX.

L'HEURE de retirer les Travailleurs étant venue, les détachemens retourneront au camp en bon ordre, conduits par leurs Officiers, qui à leur retour rendront compte au Commandant du régiment, de la manière dont les Soldats de leur détachement ſe ſeront comportés.

DCLXXXI.

LES Travailleurs de tranchée qui auront été commandés à l'ordre, ſeront payés de leur travail ſur le certificat des Ingénieurs qui les auront employés.

DCLXXXII.

QUAND les Officiers généraux de tranchée auront employé des Travailleurs d'augmentation, pris dans les bataillons de tranchée, les Ingénieurs leur donneront des billets certifiés deſdits Officiers généraux.

DCLXXXIII.

Ces billets seront présentés à l'Officier chargé de faire le détail de la tranchée, qui en rendra compte au Major général, afin qu'il comprenne ces Travailleurs sur l'état qu'il en doit former; sur lequel état lesdits Travailleurs seront payés en rapportant lesdits billets certifiés.

DCLXXXIV.

Les certificats & billets ci-dessus énoncés, seront remis à chaque détachement, lorsqu'il sortira de la tranchée.

DCLXXXV.

S'il arrive qu'un détachement de Travailleurs n'ait pas été fourni complet, il ne sera point donné de certificats à l'Officier qui aura commandé ce détachement; & cependant comme il est juste que les Soldats qui auront été réellement employés, reçoivent la récompense de leur travail, le Commandant du régiment aura soin de les faire payer, moitié sur les appointemens du Major du régiment, & moitié sur ceux du Capitaine qui aura marché avec le détachement composé d'un moindre nombre d'hommes que celui qui aura été ordonné.

DCLXXXVI.

Outre les Travailleurs de tranchée, il y aura tous les jours un nombre suffisant de petits détachemens de dix hommes chacun, commandés par un Sergent, qui seront pendant vingt-quatre heures aux ordres de l'Officier préposé au détail du siége.

Cet Officier les emploiera à rassembler les outils, à faire les différentes distributions, à aller avec des brancards chercher les blessés, & les rapporter au petit hôpital qui sera établi à la queue de la tranchée, & aux autres choses qu'il jugera à propos.

Ces Travailleurs seront fournis par tous les bataillons de l'armée chacun à son rang, ainsi que les Travailleurs de tranchée, & seront payés sur les états arrêtés par le Major général.

DCLXXXVII.

Il sera fourni aux siéges, quand il en sera besoin, des

Travailleurs détachés des bataillons de la ligne pour aider à la construction des batteries de canon & de mortiers, d'autres pour le service des sappes, & d'autres encore pour le service des mines.

DCLXXXVIII.

Si le Général juge à propos d'affecter quelques régimens ou bataillons pour ce service, ces régimens ou bataillons seront dispensés de faire tout autre service pour le siége, que celui de monter la tranchée à leur tour; ce qui n'empêchera pas que leurs compagnies de Grenadiers ne fournissent à leur rang (ainsi que les compagnies des Grenadiers des autres régimens) les Grenadiers auxiliaires dont on jugera à propos d'augmenter la tranchée.

DCLXXXIX.

Sergens commandés.

Dès le commencement de chaque siége, il y aura deux Sergens affectés pour demeurer pendant tout le temps de sa durée auprès du Commandant des Ingénieurs, un autre auprès de l'Ingénieur chargé du détail de la tranchée, & deux autres à chaque brigade d'Ingénieurs; & ces Sergens ne feront point d'autre service.

DCXC.

Magasins.

Lorsqu'une place sera prise d'assaut, les Officiers contiendront leurs Soldats, & empêcheront qu'ils ne se débandent pour piller, ou pour faire aucun tort ni violences dans les Eglises & Monastères d'hommes ou de filles, sous peine de la vie.

DCXCI.

Les blés, vins & autres munitions de bouche ou de guerre qui se trouveront dans les villes prises d'assaut, seront réservés pour les magasins de l'armée, & remis à ceux qui auront été chargés d'en faire la recherche.

DES CANTONNEMENS.

DCXCII.

Logement.

Lorsque l'on mettra l'armée en cantonnement ou dans des quartiers de fourrage, personne ne prendra d'autres lieux & logis que ceux qui leur auront été départis.

DCXCIII.

Des corps.

LES Maréchaux-des-logis de l'armée feront le logement dans lesdits quartiers de cantonnement ou de fourrage; à leur défaut, les Majors de brigade se les répartiront entre eux selon la force de leurs brigades, & les distribueront ensuite aux différens corps dont elles seront composées.

DCXCIV.

LES uns & les autres observeront dans cet arrangement, de mettre toûjours ensemble tous les régimens de la même brigade, les bataillons du même régiment, & les compagnies du même bataillon; & lorsque ces logemens ne pourront être réunis, ils les établiront du moins le plus à portée qu'il sera possible.

DCXCV.

Des Soldats.

LES Soldats des mêmes compagnies seront mis de même ensemble, ou le plus près les uns des autres qu'il se pourra, dans des maisons ou granges qui seront marquées à cet effet; & on leur donnera la paille & le bois nécessaires pour se coucher & faire Ordinaire.

DCXCVI.

Des Officiers.

ON fera loger les Capitaines & autres Officiers, dans les quartiers de leurs compagnies, afin qu'ils soient à portée de les contenir.

DCXCVII.

LE Commandant du quartier y aura le premier logement.

DCXCVIII.

LE Commissaire des guerres ayant la police des troupes du quartier, y sera logé immédiatement après le Commandant.

DCXCIX.

LORSQUE plusieurs brigades se trouveront dans un quartier, chaque Brigadier ou Commandant de brigade aura un logement de préférence dans le canton destiné à sa brigade.

DCC.

EN l'absence du Brigadier, on marquera pour loger

ſon équipage, un logis pareil à celui du Colonel qui ſera choiſi ſur toute la brigade.

D C C I.

LE logement du Major de brigade ſera le plus près qu'il ſe pourra de celui du Brigadier.

D C C I I.

CHAQUE Colonel commandant de régiment, aura un logement de préférence dans le canton de ſon régiment; & s'il y a deux Colonels dans le même régiment, le ſecond Colonel aura auſſi un logement de préférence dans le même canton.

D C C I I I.

LE Lieutenant-colonel aura, par préférence aux Capitaines, une chambre & ſix chevaux à couvert lorſqu'il ne ſera pas logé comme Commandant.

D C C I V.

APRÈS que les Soldats auront été établis, & les logemens de préférence choiſis, le reſte des maiſons du canton deſtiné à chaque bataillon, ſera réparti entre les Officiers dudit bataillon.

D C C V.

Officiers reſponſables des deſordres.

LES Officiers auront attention qu'il ne ſoit rien ôté des granges de leurs hôtes, & ne ſouffriront pas qu'on leur faſſe aucun tort dans leurs maiſons, jardins, clos, vignes & prés; à peine de répondre de tous les deſordres & dégâts qui pourroient y être faits, même des accidens du feu.

D C C V I.

CEUX qui quitteront leurs quartiers ſans permiſſion, ne ſeront pas moins reſponſables des deſordres commis en leur abſence, que s'ils y avoient été préſens.

D C C V I I.

Quartiers ſéparés.

SI le quartier qui ſera donné à un bataillon ne ſe trouve pas aſſez grand pour le contenir, de manière que l'on ſoit obligé d'en détacher quelques compagnies, les deux premières compagnies & celles des Grenadiers reſteront au quartier principal : le Capitaine de la troiſième compagnie du bataillon, ou à ſon défaut, le premier Capitaine après lui,

lui, ira avec sa compagnie commander dans l'autre quartier; & les autres compagnies tireront au sort leurs logemens.

D C C V I I I.

Les Drapeaux de chaque bataillon resteront toûjours ensemble avec la première compagnie, quand même, par le peu d'étendue du quartier, les compagnies auxquelles ils seront attachés seroient obligées de se séparer; & en ce cas l'Officier chargé de porter le drapeau de la seconde compagnie, la suivra & le laissera aux Officiers qui resteront avec la première.

D C C I X.

Le Capitaine de Grenadiers restera avec sa compagnie dans le quartier principal du bataillon; & ne pourra en retirer sa compagnie, ni la quitter, sous prétexte d'aller prendre le commandement d'un autre quartier.

D C C X.

Si le bataillon étoit divisé en de si petits quartiers, qu'ils ne pussent contenir trois compagnies ensemble, la compagnie des Grenadiers restera alors avec la première compagnie, par préférence à la seconde.

D C C X I.

L'Etat-major demeurera dans le quartier où sera la première compagnie.

D C C X I I.

A l'arrivée des troupes dans le quartier, il sera publié, par l'ordre du Commandant, un ban, portant défenses d'y commettre aucun desordre; à peine, aux Officiers, de concussion, & aux Soldats & valets, de la vie. *Défenses.*

D C C X I I I.

Les limites jusqu'où les Soldats pourront aller, leur seront indiquées, avec défenses de les passer, sous les peines portées par les ordonnances contre les Déserteurs.

D C C X I V.

Il leur sera défendu, sous les peines portées par les ordonnances, de mettre l'épée à la main dans le quartier.

D C C X V.

Il leur sera pareillement défendu de sortir de leur

quartier avec d'autres armes que leurs épées, ſuppoſé que le Commandant du quartier juge à propos de leur permettre de la porter dehors.

DCCXVI.

NUL ne pourra, ſous peine de concuſſion, faire aucune eſpèce d'impoſition dans le lieu où il ſera en quartier, ni ſur le pays, s'il n'y eſt expreſſément autoriſé par l'Officier général, aux ordres duquel il ſera.

DCCXVII.

IL ſera également défendu d'exiger des hôtes, dans les quartiers, le repas de l'arrivée, ou celui du départ, ni aucune autre choſe que l'uſtenſile qui ſera ordonné; à peine, aux Officiers, de concuſſion, & aux Soldats, d'être punis ſuivant la rigueur des ordonnances.

DCCXVIII.

PERSONNE ne pourra employer à ſon uſage, les chevaux ni les voitures des habitans du quartier où ſa troupe ſe trouvera.

S'il eſt néceſſaire d'en faire marcher pour le ſervice, ou pour aider quelqu'Officier qui en auroit réellement beſoin, le Commandant du quartier en donnera l'ordre par écrit.

DCCXIX.

Gardes. LE Commandant du quartier y établira une garde de jour & de nuit, tant pour la ſûreté du quartier, que pour y empêcher le deſordre; pour laquelle garde il ſera fourni par la communauté, une ou deux chambres au rez-de-chauſſée ſur la place, avec les quantités de bois & de chandelles, réglées par les ordonnances, ſuivant le nombre d'hommes dont cette garde ſera compoſée.

DCCXX.

IL établira auſſi des gardes aux barrières, & autres endroits où il les jugera néceſſaires, ſelon la proximité de l'ennemi.

DCCXXI.

SI le quartier étoit expoſé, auſſi-tôt que les troupes y ſeront établies, il les fera travailler à ſe retrancher, & à ſe mettre à couvert au moins d'un coup de main; & il y ordonnera des rondes & des pâtrouilles, suivant la nature du poste, sur-tout s'il y a des magasins.

DCCXXII.

On fera fournir aux gardes qui seront établies aux barrières, ou autre espèce de retranchement, du bois pour se chauffer, & quelques perches & travers, avec de la paille pour y faire des abrivents.

DCCXXIII.

Si on ne peut faire fournir le bois nécessaire pour les chambrées des Soldats, & pour les feux des gardes, on en fera couper aux Soldats, qui seront conduits à cet effet en bon ordre.

DCCXXIV.

Rendez-vous.

A l'arrivée des troupes, on marquera un lieu ou plusieurs, suivant l'étendue du quartier, dans lesquels les troupes auront à se rendre en cas d'alarme, de feu, ou de Générale battue à l'improviste.

Les Commandans des corps iront reconnoître ces endroits, & auront soin que tous les Officiers & Soldats soient instruits des lieux que chacun d'eux devra occuper.

DCCXXV.

Compagnie de Grenadiers.

Les compagnies de Grenadiers ne feront point d'autre service dans les quartiers, que les détachemens & les patrouilles; à moins qu'il n'y eût quelque poste de conséquence, où le Commandant jugeroit à propos de leur faire monter la garde.

DCCXXVI.

Commandement.

Le Colonel d'un régiment, & le Lieutenant-colonel en son absence, en commanderont toutes les compagnies, quoique séparées en différens quartiers.

DCCXXVII.

Les Commandans de bataillon commanderont pareillement toutes les compagnies de leurs bataillons, quoiqu'elles ne soient pas réunies dans le même quartier.

DCCXXVIII.

Tout Commandant de bataillon, ou Capitaine qui

ſe trouvera commander, par accident, un régiment ou un bataillon dont les compagnies ſeront diviſées, reſtera en réſidence au quartier de ſon bataillon ou de ſa compagnie.

DCCXXIX.

IL ſe fera rendre compte de ce qui ſe paſſera dans les autres quartiers du régiment ou du bataillon qu'il commandera, & y enverra les ordres qu'il jugera néceſſaires pour la diſcipline générale du corps; ſans cependant rien changer aux diſpoſitions qui auront été faites ou ordonnées par le Colonel & le Lieutenant-colonel.

DCCXXX.

IL viſitera de temps en temps leſdits quartiers, & il commandera dans tous ceux où il ſe trouvera.

DCCXXXI.

LES ordres concernant le régiment ou le bataillon, étant adreſſés au quartier de l'Etat-major, ſeront ouverts en l'abſence du Commandant, par l'Officier chargé du détail, qui s'y trouvera; lequel les enverra audit Commandant, pour pourvoir à leur exécution, à moins qu'ils ne fuſſent preſſés; auquel cas, il les fera paſſer tout de ſuite à ceux qu'ils concerneront, & en rendra compte auſſi-tôt au Commandant du régiment ou du bataillon, en quelque quartier qu'il ſe trouve.

DCCXXXII.

LES Majors ſe tiendront habituellement dans le quartier où ſera la première compagnie du régiment; lorſqu'ils iront dans les autres quartiers pour les fonctions de leur charge, ils commanderont dans tous ceux où il n'y aura point de Capitaine plus ancien qu'eux; dans les autres, lorſqu'ils voudront voir les compagnies, ſoit pour connoître leur état ou pour les exercer, ils demanderont au Commandant du quartier la permiſſion de leur faire prendre les armes, & il ne pourra la leur refuſer.

DCCXXXIII.

Fourrages. LES fourrages appartiendront aux compagnies dans les

les cantons desquelles ils se trouveront, à moins qu'il n'en soit autrement ordonné; & ceux qui commanderont dans le quartier auront soin de les faire partager également entre les Officiers.

DCCXXXIV.

Sortie du quartier.

LORSQUE les troupes délogeront d'un quartier, après qu'elles en seront sorties le Commandant fera détacher quelques Officiers & Soldats, pour voir s'il n'y restera personne desdites troupes, & faire éteindre les feux qui ne le seroient pas; Sa Majesté voulant qu'il soit responsable des dommages qui arriveroient, faute d'avoir pris cette précaution.

DES TROUPES qui marchent en campant dans le Royaume.

DCCXXXV.

LORSQUE le Roi ordonnera qu'une troupe ou plusieurs marchent dans le royaume en campant, outre le service ordonné pour les marches d'armées & les camps de guerre, l'intention de Sa Majesté est qu'on y ajoûte les précautions qui sont expliquées ci-après.

DCCXXXVI.

LE quart des Officiers de chaque bataillon, commandés par un des quatre premiers Capitaines, sera de garde au camp pendant vingt-quatre heures; Sa Majesté trouvant bon que le Commandant & les trois autres quarts des Officiers soient logés.

DCCXXXVII.

LES Officiers de garde auront leurs chevaux prêts à monter, pour se porter dans les villages & autres endroits voisins où les Soldats pourroient se répandre, & les obliger d'en sortir; ne devant leur être permis d'aller que dans le lieu près duquel ils seront campés.

DCCXXXVIII.

LESDITS Officiers feront refponfables des defordres qui fe commettront pendant le temps de leur garde.

DCCXXXIX.

LORSQUE le Major ira au campement, il mènera avec lui les gardes néceffaires pour le camp : il fera en arrivant le tour du quartier, & mettra des fentinelles aux jardins, haies & autres lieux où on pourroit faire du defordre.

DCCXL.

IL fera prendre par compte les pailles, bois & fourrages qui auront été préparés à portée du camp, & les fera garder jufqu'à ce que la diftribution puiffe en être faite à l'arrivée de la troupe.

DCCXLI.

IL fera mis un corps-de-garde dans le lieu où les Officiers feront logés, un autre à vingt pas de la tête du camp, & un autre à vingt pas derrière, tous commandés par des Officiers.

DCCXLII.

LES Officiers feront porter les tentes fur un chariot, qui fera fourni dans les lieux de paffage, & payé fuivant l'Ordonnance: mais les bâtons & piquets feront portés par les Soldats, comme à l'armée, fous peine de prifon; & s'ils en coupent dans les bois ou ailleurs, ils feront arrêtés pour être punis, & le dommage payé par le régiment.

DES CAMPS DE PAIX & d'Exercices.

DCCXLIII.

LORSQUE Sa Majefté fera camper fes troupes pour les exercer en temps de paix, & y maintenir la difcipline, elles feront le fervice auffi exactement que fi elles étoient dans les armées en préfence de l'ennemi.

DCCXLIV.

SA MAJESTÉ trouve bon que les Brigadiers des troupes qui formeront ces camps, ſoient logés, autant que faire ſe pourra; mais Elle ne veut point qu'ils changent les logemens qui leur auront été marqués par le Maréchal général des logis, ou par les Fourriers du camp, pour aller s'établir ailleurs. *Logement.*

DCCXLV.

LES Colonels qui ne ſeront point Brigadiers, camperont régulièrement, ainſi que les autres Officiers, à leurs régimens & compagnies.

DCCXLVI.

LES Majors de brigade camperont pareillement, ſi les Fourriers ne leur ont pas marqué de logement, dans le terrein de leur brigade.

DCCXLVII.

SI un Officier s'abſente du camp ſans congé de Sa Majeſté, il ſera mis en priſon; & il en ſera rendu compte au Secrétaire d'état ayant le département de la guerre. *Abſences.*

DCCXLVIII.

A l'arrivée des troupes au camp, on fera battre des bans pour publier les mêmes déſenſes concernant la chaſſe, la pêche, les jeux & autres qui doivent être faites dans les camps de guerre; auxquelles on ajoûtera encore celles qui ſuivent, ſous les peines portées par les ordonnances, ou celles qui ſeront ordonnées par le Général commandant le camp, s'il croit devoir en infliger de plus ſévères. *Déſenſes.*

DCCXLIX.

IL ſera défendu à qui que ce ſoit de rien prendre dans les maiſons voiſines du camp, ni dans quelqu'autre lieu que ce puiſſe être; de cueillir aucuns fruits, herbages ni légumes dans les jardins ni dans les champs; de couper aucun arbre fruitier ou autre, ni aucune haie, ni d'entrer dans les vignes: le tout ſous quelque prétexte que ce puiſſe être.

DCCL.

Il fera très-expreffément défendu aux Soldats, de paffer les gardes établies autour du camp, fans un congé dans la forme prefcrite par les Ordonnances; & ceux qui fe trouveront hors des gardes, fans même y faire aucun defordre, feront arrêtés & punis comme Déferteurs, ou comme voleurs, s'ils fe trouvent avoir commis quelque defordre.

DCCLI.

Les Colonels & Commandans des corps ne pourront permettre à aucun Soldat de paffer les gardes du camp, à moins que les congés qu'ils leur donneront ne foient approuvés du Général qui les fera vifer, quand il le jugera à propos, par le Major général de l'Infanterie, ou un des Aide-majors généraux.

DCCLII.

S'il arrivoit qu'on arrêtât aux environs du camp quelque Soldat qui eût découché, fans que fon Capitaine en eût averti, le Capitaine fera interdit, & payera le defordre fait par le Soldat arrêté; & le Commandant du régiment fera mis aux arrêts.

DCCLIII.

Le Prevôt du camp, ainfi que les Prevôts & autres Officiers de Maréchauffée, dont les réfidences feront dans le voifinage du camp, arrêteront tous ceux qu'ils rencontreront hors defdites gardes.

DCCLIV.

Les Maires, Echevins & habitans des villes & lieux qui feront dans les environs du camp, arrêteront de même tous ceux qui s'y préfenteront, & les garderont prifonniers jufqu'à ce que le Prevôt du camp, fur l'avis qu'ils lui en donneront, les envoie prendre pour les conduire au camp, & les faire punir felon qu'ils l'auront mérité.

DCCLV.

Il fera défendu à tous Soldats, Vivandiers, valets & autres,

autres, tels qu'ils ſoient, de mettre l'épée à la main dans le camp ou dans le quartier général & les environs.

DCCLVI.

Il ſera défendu à tous Soldats d'avoir aucune balle ni plomb à giboyer, ou moule pour en couler.

DCCLVII.

En arrivant au camp, les Officiers feront en préſence des Commandans des corps, la viſite la plus exacte des armes & équipages des Soldats de leurs compagnies; feront décharger leſdites armes avec un tire-bourre, ou ſi cela ne ſe peut, les feront tirer devant eux, en prenant toutes les précautions néceſſaires pour qu'il n'en arrive point d'accident; & ils prendront toutes les balles & autre plomb que les Soldats pourront avoir.

DCCLVIII.

Lorsque le camp ſe ſéparera, les Officiers rendront exactement à leurs Soldats le plomb qu'ils leur auront ôté.

DCCLIX.

Lorsque l'on aſſemblera les détachemens deſtinés pour les gardes du camp, des magaſins & des priſonniers, il ſera donné trois balles à chaque Soldat commandé pour leſdites gardes, par le Sergent de la compagnie, qui aura l'attention la plus exacte à ſe faire rendre ces balles au retour du détachement.

DCCLX.

Il ſera défendu à tous les Marchands qui ſe trouveront au quartier général, d'avoir dans leurs boutiques aucunes balles, ni d'en vendre à qui que ce ſoit; à peine de confiſcation & de cent livres d'amende, applicables au Prevôt du camp.

DCCLXI.

Il ſera fait pareillement défenſes aux Marchands des villes & villages des environs, de vendre des balles ni d'autre plomb aux Soldats, ni même aux valets des troupes.

DCCLXII.

On ne souffrira dans le camp ni ailleurs dans l'enceinte des gardes, aucunes femmes ni filles publiques & de mauvaise vie: toutes celles qui seront reconnues pour telles, seront arrêtées & punies du fouet, & ensuite conduites dans les prisons des villes les plus prochaines du camp, pour y rester au moins jusqu'à ce que les troupes du camp soient toutes parties & éloignées de plusieurs journées de marche.

DCCLXIII.

Il sera défendu à tous Soldats de se travestir ni de porter d'autres habits que les uniformes des régimens dont ils seront, même de retourner leur juste-au-corps, sous quelque prétexte que ce puisse être, ni de prêter leurs habits uniformes aux Cavaliers, Dragons & Soldats des autres régimens.

DCCLXIV.

Il sera défendu très-expressément à tous Soldats, valets & autres, de prendre quoi que ce soit aux paysans & autres personnes qui apporteront des vivres & autres denrées au camp, d'aller au-devant d'eux, soit pour prendre ces vivres en les taxant arbitrairement, ou pour les choisir avant qu'ils soient arrivés au lieu qui sera désigné pour servir de marché, ou pour quelque cause & prétexte que ce puisse être.

DCCLXV.

L'intention de Sa Majesté étant que la présente Ordonnance soit exécutée avec la plus grande exactitude, nonobstant ce qui y est porté de contraire aux précédentes ordonnances, auxquelles Elle a dérogé & déroge pour ce regard seulement; Elle veut & entend que tous les Officiers de ses troupes d'Infanterie, tant françoise qu'étrangère, s'y emploient chacun en ce qui les concerne; chargeant expressément les Majors de ses régimens, de rendre compte aux Majors & Aide-majors généraux de ses armées, de ce qui pourroit se faire ou être ordonné de contraire; & ceux-ci d'en informer les Généraux de ses armées, & le Secrétaire d'état ayant le département de la guerre.

MANDE & ordonne Sa Majesté aux Généraux commandant en chef ses armées, aux Officiers généraux & autres employés en icelles, & à tous autres ses Officiers & sujets qu'il appartiendra, de tenir la main à l'exécution de la présente Ordonnance, laquelle sera lûe & publiée à la tête des troupes de son Infanterie françoise & étrangère, à ce que personne n'en puisse prétendre cause d'ignorance. FAIT à Versailles, le dix-sept février mil sept cent cinquante-trois. *Signé* LOUIS. *Et plus bas,* M. P. DE VOYER D'ARGENSON.

www.ingramcontent.com/pod-product-compliance
Lightning Source LLC
LaVergne TN
LVHW012020220826
846092LV00001B/427
* 9 7 8 2 3 2 9 7 5 2 9 3 8 *